文庫ぎんが堂

〈小説〉
東大過去問・現代文

川渕圭一

はじめに――30年前の名問題文は、色あせない！

いまから20年ほど前、ようやくパチプロ生活から足を洗ったぼくは、ある化学メーカーの技術部で働いていた。

20代後半のぼくはまるでやる気がなく、事なかれ主義だった。与えられた仕事を言われたとおり「ハイ、ハイ」とこなすだけの毎日で、当人も「まあ、それでいいや」と思っていた。向上心というものが少しもなく、クビにさえならなければ会社からの評価など、どうでもよかったのである。

そのころ、直属の上司ではなかったが、同じ部署に二つ年上の先輩がいた。彼は、ぼくとは正反対で、とても「できる人」だった。

日本の有名大学院にて修士課程まで終了。その後、アメリカの大学院に4年間留学し、博士号を修得したという先輩は、その肩書きにたがわず博学であった。

本社の会議では、下を向いたままひと言も発しないぼくとは対照的に、幹部に向かって臆することなく発言した。工場へおもむけば、たぐいまれなる指導力を発揮し、自らの提案を次から次へと実践してみせた。アメリカやイギリスから大切な客が訪れても、持ち前の流暢《りゅうちょう》な英語で難なく接待をこなした。

それでいて彼は、いわゆる専門バカではなく、雑学の知識も豊富だった。小林克也の『ベスト・ヒット・USA』は毎週欠かさず聴いていたし、当時はやりのトレンディードラマもしっかりみていた。そのうえ週に2冊は、ムズカシそうな本を読破していた。

そんな、どこから見ても完璧なスーパーマンのような先輩を、ぼくはただ「はあー……スゲー人だなあー」と、ため息をついて眺めるだけだった（なにぶん向上心がないから、「あんな人になりたい」とあこがれはしなかったが）。

そんなある日のこと、ぼくはスーパーマンの先輩と二人、本社がある渋谷のレストランでランチをした。先輩は例によって、開発中の柔軟剤の配合成分から今週のドラマの見どころまで、多岐にわたる話をしてくれた。ぼくはただ、相づちをうつだけだった。

食後のコーヒーを飲みながら、先輩はふいにたずねてきた。

「カワフチ君って、東大出身だったよね？」

「はい。二浪して工学部に入りました」

ぼくが答えると、先輩は語りはじめた。

「ぼくも現役のとき東大を受験したけど、あそこの入試を受けてバカらしくなってね。浪人してまで入る価値はないと思ったから、さっさとすべり止めの私立に行ったよ」

「はあ……」

たしかに自分は東大にこだわって二浪したが、ただそれだけの話だ。銀杏《いちょう》のご威光にすがり、のんべんだらりんと怠惰な生活を送ってきた自分より、その後がんばって現在の地位を築いた先輩のほうが、百倍立派である。

そこまでは、彼の言うことは正しかった。問題は、そこから先の話だ。

「とくにあの、一次試験の現代国語。あれはいまでも合点がいかないね」

先輩の言葉に、ぼくは浪人時代を思い出し、ちょっぴりなつかしい気分になった。

——そういえばあのころ、東大入試の過去問をずいぶんやったものだなあ。

1979年、国・公立の大学入試に共通一次試験（現在のセンター試験の前身）が導入される以前、東大は足切りのため、独自に一次試験を実施していた。

先輩は続けて言った。

「だって、そうだろう？　どれか一つだけが正解なんて、おかしいよ」

一次試験の設問は、四つの選択肢のなかから、一つの正解を選ぶという形式であった。

たしかにまぎらわしい設問もあり、最初はかなり苦戦したが、格闘をくり返すうちに現代国語に限っていえば、ほぼ7割は正解できるようになった（もっとも記述式の二次試験になるとたんにダメで、4割にも届かなかったが）。

先輩はさらに続けた。

「あんなのは考え方によって、どれも正解にとれるじゃないか。自慢じゃないけどぼくは、過去問でも、実際の本番でも、3割以上はとれなかったね」

——???

ぼくの頭上にぽっかりと、大きなクエスチョンマークが三つ浮かんだ。

——3割だって？　鉛筆をころがして決めたって、2割5分は当たるじゃないか！

黙ってしまったぼくを尻目に、先輩はなおも続けた。

「でも、いまでもそれでいいと思ってるよ。あんな問題は、できないほうがまっとうだからね。はっきり言って、あれは悪問・愚問のたぐいさ。くり返すけど正解は一つじゃない。思想の押しつけはやめてほしいもんだね」

吐きすてるように、先輩は言った。

たしかに人生におけるさまざまな選択の局面において、正解は一つとは限らないだろう。しかし、どんな問題文であれ、著者が読み手に伝えたいことは、基本的に一つではないだろうか？　この人には、それが読み取れなかっただけじゃなかろうか……。

その日を境に、ぼくの先輩を見る目が変わった。

なるほど、彼は雄弁だ。会議ではいつもしっかり自分の意見を伝え、参加者を納得させる話術もそなえている。たいしたものだ。

しかし……その一方で、彼は他者の意見をきちんと聞いたうえで発言しているのだろうか？　つねにニュートラルな立場で、ものごとを客観的に考えているだろうか？　自分の意見を押し通そうとするあまり、まわりが見えなくなっているんじゃなかろうか？

なるほど、彼は勉強家だ。専門書も実用書も小説も、なんでもござれの読書家で、週に2冊は本を読破するという。恐れ入る。

しかし……彼はそれらの本の内容を、ちゃんと理解しているのだろうか？　本に記された知識は頭に入っても、著者の思想は脳みそに浸透しているだろうか？　著者が真に伝えたいことを、彼はわかろうとしているのか？

そんな疑問が、ぼくの頭に渦巻きはじめた。

もちろん彼は有能な人だから、その後さまざまな経験を経て、反省すべき点は反省し、考え方や生き方をさらにいい方向へ変えていったかもしれない。

しかし、少なくとも20年前ランチをともにした時点において、彼には「読解力」が不足していたのではないか、とぼくは推測する。すなわち、読解力が十分に育たないうちに、しゃべる力や行動力を身につけてしまったのではないか、と。

「読解力」とは、文章を読み解く力のみならず、相手の話に耳を傾ける力、人の心を読む力でもある。言いかえれば、「すべてのコミュニケーションの基本は、読解力にある」と、ぼくは思う。

「読解力」というコミュニケーションの礎《いしずえ》をしっかり築かぬうちに、うわべの能弁さや行動力を身につけてしまった人は、とても危うい。

「ああ、いるよね。そういう政治家や実業家って」と、テレビでよく見る顔が瞬時に思い浮かんだ受験生諸君も、少なからずいるだろう。日々の糧を得るため額に汗して働く庶民の努力を平気で踏みにじり、彼らの心を傷つけるような発言を、なに食わぬ顔でくり返す政治家や実業家たち……。

そういう人にリーダーになってほしくない、エリート面《づら》をしてほしくない、というのはわれわれの願いである。なぜならば、どんなに優秀でも「読解力」が十分に育っていない人間は、庶民の声に耳を傾け、民意をくみ取る能力に欠けるからだ。

その後も何人となく、読解力が十分に育たぬまま大人になってしまったエリートたち（医者であれ、会社役員であれ）を目の当たりにしてきた。そのたびに、ぼくは考えざるをえなかった。

「読解力の大切さ」を、なんとかして受験生諸君に伝えられないものだろうか、と。

そんなある日、ふと頭に思い浮かんだのが、東大入試・一次試験であったのだ。

先日、文部科学省が実施した全国学力調査において、小・中学生の「読解力不足」が浮き彫りになった。基礎問題はよくできても、問題文の意味を読み取って自分の頭で考えなければならない応用問題になると、とたんに正答率が落ちる。つまり、読解力が不足しているせいで、せっかく学んだ知識を実生活に生かすことができないのだ。

このような傾向があらわになってしまったのは、もちろん子どもたちの責任ではない。彼らを教育する立場にある大人たちが、読解力の重要性を軽んじてきた結果にほかならないだろう。

そんなご時勢に、ぼくは改めて、しみじみ思うのである。小・中学生の学力調査と難しさのレベルはちがっても、読解力が何物にもまして重要であるのは、東大入試においてもいささかも変わることのない真実だった、と。

いま思えば、あの一次試験の現代国語は、将来のエリート候補である東大受験生に、人の話に耳を傾ける力、相手の心を読む力、すなわち「読解力」が備わっているかどうかをテストしていたのだ。

どんなに博学で頭脳明断な人材でも、コミュニケーション能力に欠ければ人の上に立つ資格はなく、一般庶民の心を読めなければ大きなプロジェクトは遂行《すいこう》できない。

東大入試・一次試験の現代国語で試されていたもの——それは、たんなる知識ではなく、人間としての基礎能力であったのだ。

あのすばらしい問題の数々は、「頭でっかちになるなよ」、「知識を暴走させちゃ、いけないよ」、「つねに謙虚でありなさいな」と、ぼくたちに警鐘を鳴らしつづける。あのころも、そして、いまも……。

＊

この問題集の特徴は、何はともあれ問題文の質が非常に高いということだ。かつて東大入試・一次試験で出題された12の文章は、いずれ劣らぬ名文揃いである。

30年以上の時を経ても、けっして色あせることない、普遍的なおもしろみと奥の深さ。ときにはあたたかい眼差しで、ときには研ぎ澄まされた視点で人間の本質を綴った文章は、かならずや受験生諸君の「読解力」を磨いてくれると確信している。

もう一つのポイントは、すべての設問がマルチプル・チョイス（四つの選択肢のなかから一つの正解を選ぶ形式）ということである。マルチプル・チョイスについては賛否両論あるだろうが、少なくとも次の三つの利点があると、ぼくは思っている。

①まずはクイズ感覚で、気楽に問題に取り組める。
②ただひたすら文章を読み、内容を理解し、正解を選ぶことに集中できる。すなわち「読解力のトレーニング」に、うってつけである。
③白黒はっきりしている。すなわち、模範解答を見ても、自分の答えが正しいかどうかよくわからないという、もやもや感が残らない。

むろん「記述力、表現力は、二の次にしてよい」などと言うつもりはない。しかし、この問題集においては、あえて受験生諸君に「しっかり読み、正しく理解すること」に専念してほしい。

くり返すが、「読解力こそ、すべてのコミュニケーションの基本であり、あらゆる人間関係の礎となる」からだ。しっかり身についた「読解力」は、大学入試を突破することのみならず、皆さんがその後の人生を歩んでゆくうえで、かならずや強力な武器になってくれるでしょう。

受験生諸君には、これらの問題を「精読」することをお勧めする。実際の入学試験には時間制限があるが、ここでは時間のことは忘れ、納得ゆくまでじっくり問題文を読み、そして格闘していただきたい。

そうすれば、人生の先輩方が骨身を削って書いた文章のなかに、あなたはきっと、大切な「何か」を見つけることができるでしょう。人間にとって大切なことは、30年たっても、50年たっても、いや千年たったたって、変わりはしないのだから。

受験生のお父さん、お母さん、一般社会人の皆さんも、どうぞ自由に参加してください。そして、受験生たちといっしょに問題文と格闘してみませんか？

記憶力などとちがって、読解力は生涯にわたたって発達します。あなたが、あきらめさえしなければ……。

子どもたちの読解力不足を嘆くより、まずは自らの読解力を磨きなおしてみませんか？　いまからでも、けっして遅くはありません！　しっかりした「読解力」を身につけるため、大人のあなたも努力しましょう。

＊

さて、そろそろ出かけなくては。きょうは甥《おい》っ子のシゲルの家で、いっしょに勉強する約束だった。

ぼく自身、もう一度チャレンジしてみよう。30年前の東大入試・一次試験に！

〈小説〉東大過去問・現代文

もくじ

第5の夕べ　おじさん、ヘソを曲げる

最後の夕べ　おじさん、風邪をひく

おじさん、家庭教師になる

9月もそろそろ終わりなのにやたら蒸し暑い月曜の夜、夕食を済ませたおじさんは、アパートの窓を開け放ち、うちわを片手にベッドに寝ころがっていた。いささか古風なこの独り者は、不自然な風は体に悪いからと、かたくなにエアコンの設置を拒否している。

そのとき、電話の呼び出し音が、六畳間にけたたましく鳴りひびいた。

昨今はメールでのやりとりも増え、携帯一つあればたいていの用件は伝えられるから、家の電話にかかってくるのはキャッチセールスばかりである。

おじさんは面倒くさそうに起き上がると、受話器を取った。

「もしもし、ケイちゃん？」

受話器の向こうから聞こえてきたのは、姉の声だった。

「ああ……ひさしぶりだね。どうかした？」

おじさんは、慎重な口ぶりでたずねた。

「あの……。シゲルのことなんだけど、ちょっと勉強をみてやってくれないかしら」

そらきた、とおじさんは思った。なんの頼みごともなしに、姉が電話をかけてくるはずがない。

シゲルは姉一家の長男で、おじさんからみれば甥っ子にあたる。大学受験に失敗して、ただいま浪人中である。

「ずいぶんいきなりだね。だけど、ぼくだってヒマじゃないからねえ……」

「とにかく、目も当てられないのよ、国語の成績が」

「ぼくはもともと理系だからね。昔、国語の成績が悪かったのは、姉さんだって知っているだろう？　ほかをあたってみたら？」

「昔はともかく、いまだったら教えられるでしょう？　本だって書いているんだから」

「そりゃ、そうだけど」

「なんとかならない？」

「うーん……」

おじさんもその昔、2年にわたる浪人生活を送ったほろ苦い思い出がある。この春、浪人の仲間入りをしたシゲルに、親近感を覚えないわけでもなかった。

「そんなに忙しいの？」

「うん……まあ」

たしかに医者と作家の二足のわらじで時間に追われる毎日だが、考えてみればつい2週間前、新作の原稿校正を終えたばかりだ。いまだったら、まったく時間がとれないこともない。

「うちに来てくれれば、夕食も豪勢にふるまうわよ。どうせ毎日ろくなもの、食べてないんでしょうから」

「そんなことないさ。なんせ、独身貴族だからね。けっこうリッチでヘルシーな食生活を送っているよ」

「デパ地下の惣菜《そうざい》ばかりじゃ、飽きちゃうでしょう？　たまには家庭料理もいいものよ」

「飽きたりなんかしないさ。デパ地下には、和・洋・中となんでもそろってて、よりどりみどりだからね」

「でも、いつも一人じゃ寂しいでしょう？　みんなでいっしょに食べたら楽しいわよ」

痛いところをつかれ、おじさんはやっきになって反論した。

「姉さんにはわからないだろうけど、一人きりの晩酌っていうのも、なかなかオツなもんだよ。だれにも気兼ねしなくていいしね。それにねえ、ぼくだって週末になれば、デートくらいしてるさ」

姉は小さくため息をついて言った。

「あんたって昔から、ほんとうに意固地よねえ。人が何か言うと、かならず反論するんだから」

「ほめてくれて、ありがとう」

「ねえ……少しだけでいいから、みてやってくれないかなあー。シゲルのこと」

「数学や理科ならともかく、国語じゃねえ」

「そこをなんとか、お願いよ」

「………」

土曜日の午後、あるローカル線の駅で、ホームに降り立つおじさんの姿があった。故郷へ帰ってくるのは、久方ぶりである。

おじさんは改札を出ると、バスターミナルに向かってゆっくり歩きはじめた。ターミナルといっても、バス停は二つしかなかったが……。

バスから降り、利根川の川べりに沿って5分ほど歩いたところに、シゲルの家はあった。玄関のチャイムを鳴らすと、姉が満面の笑みで弟を迎えた。

「ありがとう、ケイちゃん。やっぱり来てくれたのね」

「きょうはたまたま、デートの約束がなかったのさ」

すると姉は、ふたたびニッと笑って言った。

「あらっ、そうだったの。独身はモテモテで大変ね」

「まあね」

「いま、お茶をいれるから」

「コーヒーのほうがいいな」

キッチンへ向かった姉と入れ替えに、シゲルがリビングルームに入ってきた。

髪は伸び放題、無精ヒゲを生やしたシゲルを見て、おじさんは自分が浪人生だったころを思い出した。

「やあ、おじさん。ひさしぶり」

浪人生にしては明るい声で、シゲルが言った。

「春休み以来だね……。どうだい、浪人生活は？」

「まあまあかな。いろんなやつがいて、けっこうおもしろいよ」

「浪人生に悪い人間はいないさ」

「おじさん、自分が二浪したもんだから、そんなこと言っちゃって」

「シゲル君もいつかわかると思うけど、浪人生活っていうのは長い人生において、とっても貴重な経験なんだよ。ぼくは二浪させてくれた両親に感謝している」

「そんなもんかい？　だけどぼくは、二浪はしたくないね」

「そりゃ、そうかもな」

おじさんは、肩をすくめた。

「おじさんとちがって、東大なんか目指さないからね。適当なところで手を打つよ」

「ふぅん……。ところで、シゲル君は国語が苦手なんだって？」

「うん。ほかの科目もたいしたことないけど、国語はいつも最悪さ」

「じゃあ、これからしばらくのあいだ、ぼくが国語の勉強につきあおうか？」

「ホントに？　あまりに出来が悪いから、きっとあきれるよ」

「ハハ……。去年、生物や英語の勉強につきあったじゃないか。シゲル君の出来は、だいたい見当がついてるよ」

「言っとくけど、ムズカシすぎるのは勘弁してよ、おじさん。読んでるうちに、頭が痛くなっちゃうからね」

「おじさんだって、難しい文章はごめんさ。まあ、楽しくやろう」

そう言うと、おじさんはおもむろにドクターズバッグを開けた……が、中から出てきたのは聴診器ではなく、赤本と紙の束であった。

「その赤本、年代ものだねえー。ちょっと見せてよ」

「ぼくが浪人時代に使っていたものだよ」

おじさんはなつかしそうに言うと、古びた赤本をシゲルにさし出した。

「うわー！　1978年版『東大の国語』だって。中の紙が黄色くなってるし、なんだかカビ臭いよ」

「心配しなくてもいい。こっちはぼくが使うから」

おじさんはちょっとムッして、シゲルから赤本をとり返した。

「えっ、まさかこの赤本が教材？」

「そうだよ。ほらっ、シゲル君の分はちゃんとコピーしてきたから、いっしょに問題を解こう」

「えーっ？　おじさん、30年前の問題を解くの？」

「なんかヘン？」

驚くシゲルを尻目に、おじさんは涼しい顔で言った。

「5年くらい前ならともかく、30年前の問題なんて古すぎて役に立たないよ！」

「何を言っているんだ、シゲル君。受験勉強に、古いも新しいもないさ」

「でも、予備校の先生たちも言ってるよ。大学の入試問題は日進月歩だって」

「シゲル君、予備校の先生とぼくと、どっちを信じるんだい？」

「そりゃ、おじさんの言うことも信じたいけど……予備校の先生は、大学受験のプロだよ。毎日ぼくたちに教えてるんだから」

「……まあ、冷静に考えれば、そうだよな。先生のほうがいろいろと、事情を知っているだろう」

「そうだよ、おじさん」

「たしかに時代が変われば、試験問題も多少は変化するだろうさ。だけどね、シゲル君、基本、つまり、いちばん大切なことっていうのは、いつの時代でも変わることはないんだ」

「そうかなあ」

「だまされたと思って、おじさんといっしょに問題を解いてみようじゃないか」

「だまされたくは、ないんだけど……」

「ほらっ、ちょっと見てごらん。これはその昔、東大が実施していた一次試験の問題で、ぜんぶマルチプル・チョイスなんだ」

「ホントだ。センター試験みたい」

「センター試験より、もうちょっと手ごわいけどね」

「やっぱ、ムズカシイのか」

「そりゃあ、多少骨が折れると思うよ。でも、問題文も長くないし、とっつきやすそうだろう？」

「うーん……」

「とにかく、やってみよう」

「しかたないな。おじさんにだまされて、やってみるか」

「そうこなくちゃ、シゲル君！」

第1の夕べ

では、さっそくはじめよう！

1. 医者に必要なのも「読解力」なんだよ。

「では、さっそくはじめよう」

「えっ、これから？」

「はい、これが本日の問題！」

おじさん、間髪をいれずシゲルの前にコピー用紙を広げる。

「ほんとうにムズカシくないだろうね、おじさん？」

疑わしそうな目で、問題を眺めるシゲル。

「きょうはウォーミングアップだから、なるべくシンプルな問題を選んできたつもりだ。時間は気にしなくていいから、できたら教えてくれよ」

「わかったよ、おじさん」

「さあ、つべこべ言ってないでとりかかろう！　シゲル君といっしょに解く、記念すべき第1問だ」

〔'75年度・理科2〕

次の文章を読み、後の設問に答えよ。

a　わが国の医師の数は、現在約十四万人で、人口十万対百三十人である。決して十分とはいえないが、人数の上では、医療先進国の仲間にはいっているといってよいであろう。しかも、相次ぐ医大新設と定員増加によって、急速に医師はふえている。数年後には、国が目標としている人口十万対百五十人の医師数が確保される見通しがついている。

b　いまと将来に向かって、むしろ問題なのは、医師の絶対数ではなく、医師の地域的な［へ］である。今後、医学教育や医療行政で、努力を傾けなければならないのは、こうした［へ］の解消であろう。

c　二年前の調査では、医療に恵まれない辺地、すなわち無医地区は、全国で二千八十八か所もあった。また、医師会と協力し、地域社会の核となって、住民の保健や公衆衛生を守る保健所の医師不足は深刻である。全国八百三十九の保健所では、約三千七百人の医師が必要なのに、現在は、その三分の一、千二百数十人しかいない。しかも、毎年減ってきている。

d　厚生省は、保健所医師を確保するため、もう十八年間も公衆衛生修学資金制度を続けてきた。さらに、昨年からは、辺地医療に従事する医師を育てるための修学資金制度もスタートさせた。その構想は間違っていない。しかし、残念ながら、公衆衛生修学資金制度は、これまで十分の成果は挙げられなかったし、辺地医療修学資金制度にも、同じ心配がある。

e　公衆衛生修学資金制度は、目的を「将来保健所で公衆衛生行政に従事しようとする者に対して、国が無利息で修学資金を貸与する」と、はっきり定めている。ところが、貸与を受けた卒業生は七百四十六人いるのに、保健所に就職した者はその四分の一、わずか百九十一人に過ぎない。あとの者は、修学資金を返して、別の道を選んだ。そうした信義に背《そむ》いた医師の比率は、最近ではますます高くなっている。

f　しかし、一方では、医師が敬遠する理由を一つ一つ取り除いて行く措置を欠かしてはならない。なによりも必要なことは、経済的な待遇の改善である。民間病院と保健所とでは、初任給ですでに数万円の格差がついている。

g　さらに、それにも増して、保健所業務を魅力あるものにすることが重要である。たとえば、環境汚染や公害病など、新しい課題に積極的に取り組める体制を整えることなどである。また、臨床・病理などの不足を補うような研究をする機会を設けたり、海外交流を深める配慮も必要である。

h　こうした経済的、精神的な条件作りは辺地医療でも同じである。それをおろそかにすると、辺地医療修学生や、自治医大生の中にも、はじめの決意や約束をすっかり忘れ、辺地に背を向けてしまう者が出る恐れがあろう。

設問

ホ　以下の段落は、本来、右の文章の中にはいっていたものである。これを正しい位置に入れるには、右のa～hの段落のどれとどれとの間に入れるのが最も適当か。次の1～7のうちから一つを選び、1・2などの数字を用いて答えよ。

医師の卵、あるいは若い医師のモラルの低下には憂うべきものがある。たしかに、職業選択の自由は憲法で保障されている。しかし、借りた金を返せば、あとは勝手に——というドライさを、われわれは、あっさりと見のがすことはできない。医学における全人教育の充実を強く訴えたい。

1 aとbとの間　2 bとcとの間　3 cとdとの間
4 dとeとの間　5 eとfとの間　6 fとgとの間
7 gとhとの間

へ　空欄へにはいる語としては、次の1〜7のうち、どれが最も適当か。一つを選び、1・2などの数字を用いて答えよ。

1 不満　2 欠如　3 分布　4 過疎
5 傾斜　6 偏在　7 格差

ト　右の文章の趣旨に即した題をつけるとすれば、次の1〜6のうち、どれが最も適当か。一つを選び、1・2などの数字を用いて答えよ。

1　憂うべき医師のモラルの低下
2　地域医療の医師不足とその対策
3　医学における全人教育の必要性
4　辺地医療修学資金制度の問題点
5　わが国における医療の後進性とその克服
6　深刻化する保健所の医師不足

チ　右の文章で筆者が力点をおいている提案を、以下のa〜fのうちから二つ選んで示すとすれば、どういう組み合わせが最も適当か。次の1〜6のうちから、一つを選び、1・2などの数字を用いて答えよ。

a　辺地に保健所の増設をはかる。
b　医師の数を増加させる。

c　保健所業務を魅力あるものにする。
d　医師の経済的な待遇を改善する。
e　医師のモラルを向上させる。
f　無医地区を解消させる。

1　aとc　2　aとd　3　bとd
4　bとe　5　cとe　6　cとf

《あなたの答》　ホ―□　ヘ―□　ト―□　チ―□

10分後、シゲルが顔を上げた。

「いちおうできたよ、おじさん」

「そうか……。ちょうどぼくもできたところだ」

「おじさん、意外と遅いね」

「じっくり読んでいるからね。速ければいいってもんじゃない」

シゲルの言葉におじさん一瞬ムッとするが、すぐに気をとりなおす。

「それより、どう？　難しかったかい？」

「いや、思ってたほどじゃなかった。正解できたかどうか、わかんないけど」

「では、さっそく答え合わせをしてみよう」

「なんか、ドキドキするな」

「おじさんもだ」

「おじさん、正解知らないの？」

「30年前にやったはずだけど、さすがに覚えてないからね。もう一度、新たな気持ちでチャレンジさ」

「若いね、おじさんも」

「では、解答を見よう。どれどれ、設問ホの答えは……」

おじさんはゆっくり、赤本のページをめくった。

「おおっ！　あってる、あってる♪」

子どものようにはしゃぐおじさんに、シゲルが言った。

「おじさん、自分一人でよろこんでないで、早く教えてよ」

「おっと失礼……。シゲル君はどれを選んだ？」

「5……かな」

「理由は？」

「えーと、この挿入される段落って、若い医師にモラルがないことを言ってるんだよね」

「そうだね」

「eの段落で、『信義に背いた医師』の話が出てくるから、この後に入れたら、ちょうどつながりがいいかなと思って……」

「そのとおり！　なかなか幸先がいいね」

「なんだ、おじさん。正解なら早く言ってくれよ。まちがえたかと思ったじゃないか」

「ごめんよ。意地悪したわけじゃないけど、いちおう理由はきいとかないとね」

「当てずっぽうで答えたりしないって」

「わかった、わかった。じゃ、次の設問へは？」

「これは7の『格差』だろう？『所得格差』や『地域間格差』って言葉、最近ニュースでよく出てくるもんね」

「惜しい！」

「えっ、ちがう？けっこう自信あったんだけどな」

「そうだなあ……もし『格差』を選ぶとすると、後半の『格差の解消』は問題ないけど、前半の『医師の地域的な格差』っていうフレーズ、なんか変じゃない？」

「ん……どっかヘン？」

「格差があるのは『医師の数』であって、医師そのものに格差があるわけじゃないよ」

「あっ、そうか……。じゃ、『偏在』ならよかった？」

「そう。正解は6の『偏在』だったね。地域によって、医師の数に偏《かたよ》りがあるってこと」

「くやしいなあー。もうちょっと慎重に考えれば、できたのに」

「ケアレスミスの一種だね。内容はわかっていたんだから、そんな気にすることない……。さあ、次にいくよ。トは大切な設問だ。ずばり、タイトルだからね」

「これは、ちょっと迷った」

「どれとどれで？」

「2と6」

「じつはぼくも、どっちにしようか迷った。この問題文は、保健所の医師不足と地域医療の医師不足、両方について書かれているからね」

「でもやっぱり、2かなあ」

「うん、おじさんも賛成だ。cの段落に、『地域社会の核となって、住民の保険や公衆衛生を守る保健所』っていう文が出てくるからね。つまり、保健所の医師不足も、地域医療の医師不足の一環としてとらえることができる」

「そうだね」

「最後の設問チは、どうかな？」

「消去法で考えたらcとeが残ったから、答えは5」

「正解！　保健所業務を魅力的にすることについては、段落gで具体的に書かれているし、挿入された段落中の『医学における全人教育の充実を強く訴えたい』という文から、著者が医師のモラルの向上に力点を置いているのは明らかだね」

「やった！　4問中3問も正解しちゃったよ。これ、東大の入試だろう？　おれってけっこう、イケるかも」

「おっと、よろこぶのは早いぞ、シゲル君。これから手ごわい問題が、どんどん出てくるからね」

「そうか……」

「でも、いいスタートが切れた。ちょっとはやる気が出てきたかい？　シゲル君」

「まあね」

「それにしても……おもしろいなあ」

「何が？　おじさん」

「偶然の一致とはいえ、ついきのう新聞に載っていたんだ。『地方の医師不足、深刻化』っていう記事がね」

「これって、ずいぶん昔の入試問題だろう？」

「31年前だ。たぶんこの問題文も、新聞の社説からの抜粋じゃないかと思うけど……」

「へえー。31年前の記事が、いまでもそのまま通用するってことか」

「さすが東大の問題だね。本質をついているよ。31年たっても、事態は少しも変わっちゃいないんだから」

「さっき、おじさんが言っていた意味が、ちょっとわかったよ。『大切なことは、いつの時代も変わらない』って」

「そうだよ、シゲル君。現代人が抱える本質的な問題っていうのは、そんなにすぐ、解決できるものじゃないんだ」

「30年以上前の入試問題でも、役に立つかもね」

「それにしても、こんなに前から問題になっていたのに、地方の医師不足はまったく解消してないなんて……。いや、むしろ昔より悪くなっているかもしれない」

「医者のモラルはどうなの？」

「うーん……。残念ながら『医学における全人教育』は、充実したとは言えないなあ」

「医学部の入試を突破するのは、とってもムズカシイのにね」

「医学部の偏差値が異常に高いのも、30年前から変わってないよ。そもそも医者なんて、そんなに頭がいい必要ないのに」

「ホントかい？　おじさん」

「ああ。医者のぼくが言うんだから、まちがいない。少なくとも数学や物理が天才的にできる頭脳は、医者には必要ないんだ。努力家で体力があって、やさしい心の持ち主ならば、そこそこの頭で十分さ」

「ふーん……」

「もう一つ。医者になるために絶対必要なのは、数学や物理を解く力じゃなくて、むしろ『読解力』だろうね。読解力は、患者さんの話をじっくり聞いて、彼らの身になって考えるのに大いに役立つ。つまり、コミュニケーションの土台になるんだ」

「ちゃんと話を聞いてくれない医者は、ぼくもイヤだなあ」

「もちろん医者に限らず、将来どんな仕事をやるにしたって、コミュニケーションは大切だよ。そのためにもいまは、『読解力』をしっかり磨いておかなくちゃね」

「おじさんの言うことはわかるけどさ、現状では偏差値が高くなければ、医学部を受けられないいんだよ。ぼくの偏差値じゃ、逆立ちしたってムリだもん」

「うん。たしかにそれは大きな問題だね。世間の人々の多くが、医者はエリートだと思いこんでいるからなぁー。だから、高校や予備校の先生たちも、成績のいい子に医学部を受けるよう勧めちゃう」

「そう、彼らはいつも特別扱いさ。なんだか差別されてるみたいで、ときどきムカックよ。医学部進学コースの生徒様はファーストクラスで、その他大勢はエコノミークラスみたいな……」

「ハハ、差別なんかしてないさ。一生懸命に勉強する生徒はだれだって、予備校にとって大切なお客様だよ」

「そうかな」

「ともかく医者を目指すからには、皆に尊敬されるような人にならなくちゃいけないけど、それとエリートとは、ちょっとちがうんだなあ……」

「エリートっていうとさ、『おれたちは一般人とはちがうんだ』って、お高くとまってるイメージがあるよね」

「でも、医者っていうのは、ありとあらゆる人々と接するだろう?」

「病気は人を選ばないものね」

「それに、患者さんや家族との会話に建て前はない。いつでも腹をわって、本音で話し合うわけだから、これほどコミュニケーションが大切な仕事もないんだ。ある意味、究極のサービス業とも言える」

「たしかに」

「だから、医者にとって大切なのは、じつは庶民性とか親しみやすさなんだよ」

「エリートのイメージと、正反対じゃん」

「いまの日本は、『医者＝エリート』っていう意識が蔓延しているけど、あまりいいことじゃないね。もし、医学部を目指す生徒がいたら、『医者になりたいんだったら、もっと人に興味を持ちなさい。もっと世間のことを勉強しなさい』と厳しく言ってあげるのが、ほんとうの愛情だと思うな」

「……そうかもね」

「もう一つの問題は、医学部の定員が少なすぎることだろう」

「たしかに定員を増やせば偏差値は下がるだろうけど、医者の数をむやみに増やしてもいいの？」

「医学部を出たからって、全員が医者になる必要はないさ」

「えっ？　医学部に行って医者にならなかったら、意味ないじゃん」

「知ってるかい、シゲル君？　法学部の卒業生が全員、法律家になるわけじゃないって」

「うん。文系の友だちの話だと、ふつうのサラリーマンになる人のほうが、ずっと多いみたいだね」

「医学部を出たから医者にならなきゃいけないっていうのは、一つの思い込みだと、ぼくは思うな」

「そりゃ、そうかもしれないけど……」

「臨床医以外にも、いろんな道があるさ。基礎医学の研究者になってもいいし、医療ジャーナリストになってもいい。医者だけが医療従事者ではないからね。医療とまったく関係ない職業を選んだって、かまわないさ。たとえば、医学部出身のミュージシャンなんて、カッコいいじゃない」

「おじさん、過激なことを言うね」

「医学部に合格した人が全員、医者に適しているとは限らないだろう？　学生のうちに、医学の勉強以外にもいろんな経験をして、自分を見つめなおすんだ。そして、ほんとうに医者としての適性があると思った人だけ、医者になればいい」

「まあ、そういう考えもありかもね」

「いずれにしても、もう少し、医学部入学の間口を広げたほうがいいですな。成績はずば抜けてよくはないけれど、心から医者になりたいと思っている人に、チャンスを与えるためにも」

「ぼくは関係ないから、どっちでもいいけど……。なんだか、おじさんの独演会になってきましたな」

「わるい、わるい。つい熱くなっちゃって……。次の問題、いこうか」

2. 感受性を失った瞬間に、人は青年時代を終えるんだ。

［’72年度・理科1］

次の文章を読み、後の設問に答えよ。

私どものまわりにあるものが確かにそこにあるということ、それが仮現でなくて実在するものだということは何に由来するのか。

こうした疑問が平常の私どもに発生することはまずない。私の前を走っている車や、そこからくる人が、幻ではなくて実在する車であり人であることはあまりにあたりまえなことである。しかしなぜそれが本当に［　a　］とわかるのかとあらためて設問されたら、答は容易でない。

映画館でドラマ映画をみているときの経験をおもいおこすことにすると、映画館に入るときには、ひまつぶしのためとか鑑賞のためとかあるけれども、筋が進むにつれて、私どもは映画の場面――つまり人物や状況にひきずりこまれ、はらはらしたり、笑ったり、主人公が助かってくれればと念じたり、こんな悪人は退治られてしまえと思ったりする。スリルの場面にであうと、「これは映画なのだ、本当のことじゃないのだ」と自分に何遍も言いきかせて落ちつきをとりもどそうとするけれども、ものの十秒もたてば心の余裕は消えてしまって、映画の状況とまた一緒になってはらはらする。すなわち「これは本当ではなくて仮現なのだ」ではなくなって、「仮現なのに実物なのだ」となる。

ではなぜ実在の感じになるのかといえば、それは見る私が演じられていることがらに「関与」するからである。つまり私はもう「見る私」ではなくなり、傍観者的な立場にはいなくなって、映画の状況とともにいるわけである。そしてすべて「ともにいる」ときには、私の相手はすでに何ほどか実在性をえているのである。

見る私が先方に関与せず、冷やかな態度をゆるがさずにすわっているとしたら、――すなわち先方と私との間に心理的距離をたもって、しらじらと眺めていたならば、それは人の姿が幕の上に映っているにすぎない。肩を怒らせたり、笑顔をつくったり、口をぱくぱくさせたりしている姿が見えるだけであり、すべては仮現で非実在である。映画の場合だけでなく、本当に自分の前にある光景――人々が往来し、家並みが左右にひろがっている実在の街の光景でさえも、見る自分が凝然として心をうごかさずにながめていれば、街は私から遠のき、平板になってしまい、本物というしっかりした根が消えて宙に浮いたようにみえ、写真をみているのと似た「見え」だけのものに変わってしまうものである。

b［　　］が勝って心の冷やかな人からすれば、映画で泣いたり喜んだりするのはまことにおろかな仕草であるが、逆にいえば、何を相手にしてもそれに関与して「ともにいる」ならば、相手は仮の姿から実在のものにまで固めることができることになる。一枚の子供の写真は、その子にかかわりのない他人からみれば、風景や記録写真にくらべて面白味の欠けた人物写真にすぎないけれども、その子をなくした母親からすれば、子供はその姿のなかで当時の生存を今もたもっているのである。実物が本当にそこになければそれは仮像でしかないという見方は、自然科学的な認識か、さもなければ鈍物の見方でしかない。

設問

イ　右の文章中のa、bのそれぞれには、どのような語句を入れるのが適当か。次にあげた組み合わせ（1〜4）のうち、一つを選び、1・2などの数字を用いて答えよ。

1　a「在る」　b「行動の情熱」
2　a「在る」　b「認識の眼《め》」
3　a「見える」　b「行動の情熱」
4　a「見える」　b「認識の眼」

ロ　傍線ロの「ともにいる」とは、どういう意味か。次にあげた1〜4のうち、最も適当と思うもの一つを選び、1・2などの数字を用いて答えよ。

1　対象の実在性を錯覚すること。
2　対象の意味を正しく理解すること。
3　対象と心理的なかかわりを持つこと。
4　対象の実在性を信じて疑わないこと。

八　傍線八の「その姿」とはどういう姿か。次にあげた1〜4のうち、最も適当と思うものの一つを選び、1・2などの数字を用いて答えよ。

1　母親の悲しみをさそう思い出の姿。
2　写真にうつっている仮現の姿。
3　母親しか知らない実在の姿。
4　いかにも子供らしいあどけない姿。

二　右の文章の趣旨に符合する事例として、次にあげた1〜4のうち、最も適当と思うものの一つを選び、1・2などの数字を用いて答えよ。

1　はじめて会った人なのに、この人は以前にもどこかで出会ったことがある人だなと感じることがある。

2　暗い夜道をひとりで歩いてゆくときには、だれかがうしろからつけてくるような不安な気配を感じることがある。

3　夢を見ていながら、ああ私はいま夢を見ているなと感じることがある。

4　妻をなくした夫がひたすら妻のことを思い返していると、妻がそばにすわっているように感じることがある。

《あなたの答》　イ—□　ロ—□　ハ—□　ニ—□

「うーん、なかなかいいことを言っているねえ……」

「おじさん、感心してないで、さっさと答え合わせをしよう」

「まあシゲル君、そんなにあせるなって」

「だって、もうすぐ7時だよ」

「いい文章は、じっくりかみしめなくちゃ」

「ぼくは文章より、一刻も早く、晩ご飯をかみしめたいな」

「わかったよ……。どうだった？　意外にやさしい文章だったろう？」

「わりとね。だいたいわかったつもりだよ」

「じゃあ、イの穴埋め問題からいこうか。どれを選んだ？」

「bは、カンタンだね。すぐ後に『心の冷ややかな人』ってあるから、『行動の情熱』は当てはまらない。だから、ここに入るのは『認識の眼』だよ」

「じゃあ、aは？」

「迷ったけど、やっぱり『在る』のほうかな。だから、答えは2」

「正解。すぐ前に、『幻ではなくて実在する車であり……』って書いてあるから、ここで問題にしているのは、『見える』かどうかじゃなくて、『実際に存在する』かどうかだね」

「次の口は3を選んだけど、どう？　おじさん」

「理由は？」

「『ともにいる』って、なんかあったかい感じがするじゃん。あったかい感じがするのは、3しかなかったからさ」

「ハハ……ずいぶん感覚的な理由だね」

「まちがえた？」

「シゲル君の感じたとおり、正解だよ」

「正解なら早く言ってくれよ、おじさん」

「映画をみていて『傍観者的な立場にいなくなる』っていうのは、登場人物といっしょになってハラハラドキドキしたり、泣いたり、笑ったりすることだよね。つまり、映画のシーン一つひとつと『心理的なかかわりを持つ』ことだ」

「次のハは、ちょっと迷ったなあ……」

「『その姿』は、何を指している？」

「写真のなかの子供の姿……だよね？」

「そうだ」

「1と4もまちがってない気がするけど、ここはシンプルに2を選んでみた」

「オーケー、いいと思うよ」

「ああ、よかった！」

「もちろん子供の姿はあどけないし、悲しみをさそうかもしれないけど、ここでは具体的な姿の話をしているわけじゃない。この母親は、『写真にうつっている仮の姿から、実在の子供を感じ取っている』っていうところが、重要なポイントだ」

「うん、そうだね」

「設問ニの答えは……もうわかるね」

「4だろう？」

「ご名答！『実際に存在しないものでも、心の目で見て感じることができる』というのが、この文章の主旨だからね」

「わーい、全問正解だ！」

「やったね、シゲル君」

「でもきっと、来週からどんどんムズカシくなっていくんだろう？　おじさん」

「ぼちぼち……かな。まあ、ゆっくりやっていこう」

「了解！」

「ところでシゲル君、最近、何か本を読んで感動した？」

「本は読まないよ。おじさんだってこの前ラジオのインタビューで、『ぼくは本を書いていますが、じつは読書は苦手です』って答えていたじゃない」

「うん、まあ……。じゃ、映画をみて泣いたかい？」

「言われてみれば、このところずっと映画もみてない」

「それはよくないな、シゲル君。近ごろは映画館に行かなくても、ＤＶＤで映画鑑賞できるだろう？」

「なかなか余裕がなくってさ」

「ぼくが浪人していたころは、毎日のように名画座に通いつめたもんだよ。３００円で2本みられたからね。1年間で１００本以上はみたな」

「そんなに？」

「思い出すなあー。はじめて『真夜中のカウボーイ』をみた日のことを……。シゲル君と同じ18歳だった」

「カウボーイって、西部劇かい？」

「ちがう、ちがう！　ニューヨークの片隅で共同生活する二人の男……そうだなあ、今風に言えば、フリーターとホームレスの奇妙な友情の話だ」

「なんか、サエないな……」

「とにかく、映像にひきずりこまれてね。途中から二人の男が、とても他人とは思えなくなったよ」

「おじさん、ひょっとしたらホームレスの素質があるんじゃない？」

「かもね。そして、あのラストシーン……。あまりに衝撃的で、映画が終わって館内が明るくなっても、立ち上がることができなかった」

「へえー」

「で、そのまま最終回まで、3回ぶっ続けで同じ映画をみた」

「そこまで感動した映画、ぼくはまだみてないな」

「ほかにもいっぱい、感動的な作品をみたよ。映画館を出て下宿に帰った後も、頭の中で映画のシーンがぐるぐる回っていて、なかなか勉強が手につかなかった。おかげで二浪しちゃったけど」

「おじさん、『ぼくは二浪したくない』って、さっき言ったばかりじゃないか」

「わるい、わるい……。だけどさ、さっきやった問題の終わりに、『実物が本当にそこになければそれは仮像でしかないという見方は、鈍物の見方でしかない』って書いてあっただろう?」

「『鈍物』ってなんだい?」

「何を見ても心をうごかさない、『ニブい人』ということ」

「ふーん」

「つまりぼくが言いたいのは、たまには映画でもみて、大いに感動してほしいってことさ。鈍物になることを予防するためにもね」

「でもさ、最近『鈍感力』って言葉がはやってるじゃない」

「鈍感力?」

「おじさん、知らないの?　きのうもテレビのトーク番組で話題になってたよ」

「映画はみなくても、テレビはちゃんとみてるんだね、シゲル君は」

「『このごろの世の中は、いろいろと気をつかうことが多いから、ちょっと鈍感なほうが生きやすいんでしょうねえー』って、コメンテーターも言ってた」

「ダメだよシゲル君、そんな言葉を真に受けたら。若者はいつの時代だって、敏感でなくちゃ」

「そう?」

「『鈍感力』なんて、中年のおっさんたちにまかせとけばいい」

「おじさんだって、中年じゃない」

「まあ、そうだけど……。とにかく感受性を失った瞬間に、人は青年時代を終えるんだ。『いまどきの若者は……』っていうのは、おっさんたちの口グセだろう?」

「おじさんは、若いよね」

「なんで?」

「だって、すぐに熱くなって語りだすから」

「大人をからかうんじゃない」

「からかってなんかないよ。そんなおじさんが、おもしろくて好きさ」

「……ありがとうよ、シゲル君」

「さあ、晩ご飯にしようよ、おじさん」

「そうだね。うーん、いい匂いがただよってきた」

「この匂いは、ロールキャベツとエビ春巻き……」

「匂いだけで、そんなにわかるの?」

「それにキノコのまぜご飯だな」

「おおっ! なかなか敏感じゃないか、シゲル君」

「鼻だけは人一倍、感受性が強いんだ」

第2の夕べ

おじさん、また来る

3. 作家だって、パフォーマンスしたら？

土曜日の夕方、利根川のほとりの閑静な住宅街を、一人の男が歩いていた。やがて男は赤い屋根の家の前で立ち止まると、「ふうっ」と息をついた。そして、おもむろに玄関のチャイムを鳴らした。

長髪でスラリとした体型の男は、一見若そうだが、よく見れば顔に刻まれたしわは深い。右手にドクターズバッグをぶら下げているけれど、まるきり医者らしくない。かといって、ふつうのセールスマンにも見えない。

年齢も職業も不詳な、なにやらあやしげなこの男に向かって、飼い犬が激しく吠えはじめた。

「ハナ、うるさいよ！」

玄関の扉を開けて出てきたのは、シゲルだった。

「あれっ、おじさんじゃない」

玄関にたたずむ伯父の姿に、シゲルの表情は戸惑い気味である。

「シゲル君、忘れたのかい？　『来週また来る』って言っただろう？」

「忘れたわけじゃないけど……。ほんとうに来たんだね」

するとおじさんは、不服そうな顔をして言った。

「当たり前じゃないか。ぼくはちゃんと約束を守るよ。もしかして……あんまり来てほしくなかった？」

「そんなこと、ない、ない」

シゲルはあわてて首を振ったが、おじさんは仏頂面のままだ。

「ぼくだって、忙しいんだからね。シゲル君がやる気ないなら、とっとと帰るよ」

「そんなことないってば。おじさんが来るの、楽しみにしていたんだ」

「ホントかい？」

「さあ、早く上がってよ。きょうもおじさんといっしょに、問題を解きたいな」

「うーん……なんか、わざとらしいな」

おじさんは首をひねりながら、家に上がった。

シゲルがいれたコーヒーを飲み、チョコレートケーキを食べてひと息つくと、おじさんの眉間《みけん》に刻まれたしわは、徐々に浅くなっていった。

「おじさんが国語の家庭教師をしてくれるって話したら、クラスのみんなにうらやましがられたよ」

おじさんのカップにコーヒーを注ぎ足しながら、シゲルが言った。

「そうかい？」

おじさんは、まんざらでもない様子である。すかさずシゲルは続けた。

「ぼくもつくづくありがたいと思ってる。だって、おじさんが忙しいなか時間をつくって、わざわざ教えにきてくれるんだから」

「もういいよ、シゲル君」

いつのまにか眉間のしわは消え、おじさんの目は笑っていた。

「さあ、そろそろはじめようか」

「オーケー！」

小学生みたいに元気よく答えた自分に、シゲルは新鮮な驚きを感じた。ついさっきまで国語の勉強なんか、ぜんぜんやりたくなかったのに……。

「きょうのはちょっと、手ごわいぞ」

「よろしく頼むよ、おじさん」

「なに言ってんだ。がんばるのはシゲル君だよ」

「ヘイ！」

次の文章を読み、後の設問に答えよ。

ターナーは、自分のアトリエで制作しているところを絶対に他人に見せないというので有名であったが、そのかわり、まるでその埋め合わせでもするかのように、展覧会の直前に、もうすでに並んでいる自分の作品にその場で手を入れるのである。しかもその時には、きちんと盛装して、シルクハットまでかぶったまま絵筆を振り回すというので、ロンドンでは評判になっていた。それをからかって、シルクハットに掃除用のモップを手にしてカンヴァスに向かっているターナーを描いたポンチ絵が登場したほどである。

ターナーのこの一見奇矯《きょう》とも見えるふるまいは、実は彼の創造の秘密と深く結びついている。近年になって、それは単にできあがった作品だけでなく、描く行為そのものをも見せようとする意図に発するもので、つまりターナーは抽象絵画の先駆者であるのみならず、現代のハプニング芸術の先駆者でもあると説く批評家まであらわれたが、事情はおそらくそんな単純なものではない。□[a]、ターナーの心のすみのどこかに、そのような他人の眼《め》を意識した衝動がひそんでいたかもしれない。とくに、そのためターナーの名前が始終話題にのぼるようになったので、ついには他の画家たちまで、われもわれもと開会直前に絵の具箱をかついで会場にかけつけるようになったというエピソードも伝わっているくらいだから、たしかにその行為は、彼の作品の宣伝の役割も果たしたのである。□[b]、だからといって、それが単純に自己顕示のためだと断定するのは、いささか性急であろう。それよりも、彼が展覧会開会期限のぎりぎりまで作品を完成させなかったとすれば、おそらくそれは、彼が作品を「完成」させたくなかったからに違いない。

今日われわれは、当時の展覧会で好評であった彼の「完成作」[い]よりも、水彩のスケッチや未発表の習作の方にいっそうの魅力を感じる。だが、もしそうなら、ターナー自身も同じことを感じたはずである。彼は、できるなら、自分にとって大切なそのようなスケッチや習作を公に発表したかったに違いない。しかし、当時の基準からいえば、それらはあくまでも「未完成」のスケッチや習作であって、そのまま展覧会に出品することはできない。少なくともロイヤル・アカデミーの展覧会場に陳列するためには、どこかでそれを「完成」させなければならない。つまり彼は、展覧会のために心ならずも作品を「完成」させたのであり、そのためにできるだけその完成を先に延ばそうとしたのである。

設問

イ　右の文章中のａ、ｂのそれぞれには、どのような語句を入れるのが適当か。次にあげた組み合わせ（１〜４）のうち、一つを選び、１・２などの数字を用いて答えよ。

1　a　それでも　　b　思うに
2　a　いうまでもなく　　b　なるほど
3　a　おそらく　　b　ゆえに
4　a　もちろん　　b　しかし

ロ　次にあげた1〜4は、傍線を施した「エピソード」の受け取り方である。このうち筆者の意図から最も離れているものは、どれか。一つを選び、1・2などの数字を用いて答えよ。

1　この「エピソード」は、他の画家たちの主体性のなさを物語っている。
2　この「エピソード」は、他の画家たちの芸術的良心を示している。
3　この「エピソード」は、他の画家たちの自己顕示欲を物語っている。
4　この「エピソード」は、他の画家たちがターナーの真意を解しなかったことを示している。

ハ　傍線ハの「完成作」の語に、「　」を用いているのは、なぜか。次にあげた1〜4のうち、最も適当と思うもの一つを選び、1・2などの数字を用いて答えよ。

1　完成作という表現を強調するため。
2　ターナーにとっては、完成作でないことを示すため。
3　当時の基準からいって、完成作でないことを示すため。

4　真の芸術的尺度によれば、完成作であることを言いたいため。

二　次にあげた1～4のうち、この文章の趣旨から考えて正しくないと思われるもの一つを選び、1・2などの数字を用いて答えよ。

1　ターナーは、創造の秘密を人々に語りかけようとする芸術家であった。
2　ターナーは、観客へのサービスを旨とする芸術家であった。
3　ターナーは、自己の芸術に対して忠実な芸術家であった。
4　ターナーは、展覧会への出品を意識する芸術家であった。

《あなたの答》　イ—□　ロ—□　ハ—□　ニ—□

10分後、顔を上げたシゲルに、おじさんがたずねた。

「どうだった？」

「うん。わりと短くてよかった」

「問題文の長さじゃなくて、内容だよ」

「なんとなくわかった気がする。要するにターナーって人は、自分の作品を完成させたくなかったんだよね」

「そのようだね」

「だけど設問は、すごくムズカシかった」

「おじさんも、かなり迷ったよ。うーん……微妙だねえ」

「チョーまぎらわしい！」

「設問イは、どれを選んだ？」

「これはさあ……aは自信ないけど、bに入るのは、『しかし』しかないと思うんだ」

「うん、おじさんも賛成だ。aの空白の後で、『ターナーは人の眼を意識していたかもしれない』と言ってるけど、bの空白の後では逆に、『単純に自己顕示のためだと断定できない』と言っているね。この流れからすると、bには逆説の接続詞が入るはずだ。だから、シゲル君の言うとおり……」

「答えは4！」

「オーケー。aに入るのも『もちろん』で、しっくりくるしね」

「うん」

「次、設問ロにいこう。この『エピソード』って、著者はいい意味で使っているのかな？　それとも、あまりよくない意味？」

「他の画家たちもみんなターナーのまねをしたってことだから、あんまりいい意味じゃないよね」

「そうだね。そしたら答えは明らかだ」

「他の画家たちをよく言っているものを選べばいいんだね。こりゃ、2に決まり！」

「正解。きょうも出だし好調じゃないか」

「でも、次はよくわからなかった」

「どれを選んだ？」

「1」

「うーん……。一般的に「　」を用いるのは、その言葉を強調するためだから、まちがいとは言えないな。でもたぶん、もっといいのがある」

「そう?」

「シゲル君がさっき答えてくれたけど、この文章の結論はなんだっけ?」

「『ターナーは、作品を完成させたくなかった』ってこと?」

「そう。たぶん、この問題文の著者はそのことを強調したくて、わざと完成作に「 」をつけたんじゃないかな。ターナー本人の心の中では、ほんとうは完成作じゃなかったんだよって。だから答えは、2だろうね」

「なるほど……。でもなんだか、皮肉っぽいなあ」

「ちょっと、すなおじゃないかもしれないね……。でも、こうすることによって著者は、ターナーという画家が抱えるジレンマを、読者に伝えたかったんだと思うよ」

「ジレンマ?」

「展覧会に出品するため、表向きには作品を完成させなくちゃならない。でも、その一方でターナーは、『ほんとうの完成作なんてない』『未完成の習作やスケッチも見てほしい』って、いつも思っていたんじゃないかな」

「ターナーはけっこう、悩んでいたんだね」

「才能ある人に悩みはつきものさ……。さて、設問ニはどれを選んだ？」

「これも迷ったよ」

「おじさんもだ。こういうときは消去法でいくしかないなぁー。正しいものを除外していこう」

「3は、正しいよね？」

「そうだね。人になんと言われようが、とにかく自分のやり方を貫いたわけだから。それはやっぱり、自己の芸術に対して忠実だったからだろう」

「4も正しいな」

「どんな意図であれ、展覧会でパフォーマンスをやってのけたわけだから、ターナーが他人の目を意識してなかったはずはないね」

「1か2かで、ずいぶん悩んだけど……」

「正しくないのは、どっちだと思う？」

「1」

「理由は？」

「ターナーって人は、展覧会でパフォーマンスをするくらいだから、かなりサービス精神旺盛だよね。だから、2は正しい。でも、アトリエで制作しているところを絶対に他人に見せなかったんだから、創造の秘密を人々に語りかけようとはしていない。サービス精神はあるけれども、大切な秘密は自分の胸にしまっておくタイプ」

「なるほど」

「だから、正しくないのは1」

「うーん……。心情的には、ぼくもシゲル君といっしょだ。ほんとうは、1を選びたいと思ったよ。でもね、じつは2は正しくないんだ」

「えっ、どうして?」

「シゲル君、2の文中の『旨』っていう言葉の意味、わかるかい?」

「一つの『セールスポイント』、みたいな感じ?」

「『旨』は、主旨という意味だよ。つまり、いちばん大切にしていることだね」

「そうか……」

「シゲル君の言うように、もし『旨』が『一つのセールスポイント』という意味だったら、2は正しい。でもターナーは、観客へのサービスをもっとも重視していたわけじゃない。彼の主旨、すなわちいちばん大切にしていたものは、言うまでもなく自己の芸術、自分のスタイルだね」

「うん」

「だから2は、正しくないんだ」

「でもおじさん、1は正しいの？」

「1が正しいのか、正しくないのか……。はっきり言って、おじさんにはわからない」

「おじさんにもわからないの？」

「もしかしたら、ターナーは自分の作品を通して、創造の秘密を人々に語りかけようとしていたかもしれないね。だけど、シゲル君の言うように、大切な秘密は自分の胸の内にしまっておいたかもしれない。ほんとうのところは、ターナー本人にきいてみなきゃわからない……。ぼくには、それしか言えないな」

「じゃあこの設問、おかしいじゃない」

「おじさんもおかしいと思うよ、ハハ」

「そんなのってあり？」

「とにかくニは、よくない設問だ。まず、1が正しいか、正しくないか、明確じゃない。それに2も、なんかヘンだよね。だってシゲル君の言うとおり、ターナーにサービス精神はあったんだから。うーん……よくないなあ、こういうの。たんなるひっかけ問題としか思えない」

「東大でも、よくない問題を出すことがあるの？」

「たまにはね……。まあ忘れよう、こんな設問は。できなくても問題ないさ」

「おじさんが言うんだから、無視、無視」

「それにね、じつを言うと東大一次試験の足切りラインは、5割そこそこだったんだよ」

「半分できれば、二次試験に進めるってこと？」

「そう」

「へえー。じゃあぼくも、二次試験まではいけたかも」

「現代国語に限っていえばね」

「それにしても、ターナーっておもしろいねえ、おじさん」

「ユニークな人だね。茶目っ気もあるし」

「おじさんも新しい本を出すとき、何かパフォーマンスをしてみたら？」

「たとえば？」

「ターナーみたいに、本屋さんに並んだ自分の本に、かたっぱしから書き込みをしていくとか」

「ハハ、おもしろそうだね」

「最後の一ページは白紙にしておいて、一冊一冊、ぜんぶちがう結末にするとか」

「やってみたいけど、そんなことしたら本屋さんに怒られちゃうよ」

「やっぱり？」

「出版社の人たちにも迷惑がかかるな。絵は一人で描けても、本は自分一人の力ではつくれないからね」

「そうなの？」

「ぼくが書いた文章を編集したり、表紙をデザインしたり、挿絵を描いたり……とにかくいろんな人たちの共同作業で、一冊の本が完成するんだ」

「だったら、本屋さんや出版社の人たちとグルになって、パフォーマンスをやったら？　おじさん」

「そりゃおもしろいアイディアだけど、みんな乗ってくれるかなあ……。現状では、なかなかムズカシイものがある」

「本屋さんってふだん静かなイメージだから、たまにはそのくらい派手なこと、やってもいいんじゃない？」

「シゲル君がそこまで言ってくれるなら、いつか企画してみようか。おじさんが将来ベストセラー作家になって、もっと発言権が大きくなったら……だけど」

「期待しないで待ってるよ、おじさん！」

4. 〝100%の自由恋愛〟は、うまくいかない。

「さて、次にいこうか」

「きょうはあと1題だよね？　おじさん」

「そう、1回につき2題。それ以上やったら、ぼくだって疲れちゃうよ」

「ハラもへるしね」

「だんだん手ごわくなっていくぞ。覚悟はできている？　シゲル君」

「まあ、がんばるよ」

［'76年度・理科1］

次の文章を読み、後の設問に答えよ。

科学は技術だろうか。そして、さらにいえば科学は技術に尽きるのだろうか。技術といえば、直ちにそれは目的に結びつく。目的というのは一定のきまった想像物である。そして技術とはその目的を実現するための最も合理的な方法にほかならない。ところで、［　イ　］、科学は技術だということの結局の意味であろう。こういう主張は、一つの反省的な意味をもっている。つまり、独善的な科学研究の無目的に対して現実の目的を与えることによって、その独善の夢を醒ましてやるという効果を意図している。その限りでは科学は技術だと主張することは、ある正しさを、健全な思想を含んでいる。しかし、その反対の効果もそれは示しはしないか。

次に僕のいうようなことはすでに優れた自然科学者のいったこと以上のことではないが、なお僕はそれを繰り返したい。科学は技術から生まれたというのも正しいであろう。科学はわれわれ人間の労働の経験から生まれてきたのであろう。［ロ］、科学は技術に尽きはしない。もし科学が技術だとすれば、つまり一定の目的にのみ結びつくとすれば、それは科学の不幸であろう。というのは一定の目的というのは現実から課せられた想像物であり、その限りそれはパッションにほかならない。このパッションは知性の発条になる。しかしこの発条に固着している限り、知性は進まない。パッションが抑えられ、知性がそれ自身の自証によってのみ立つ時に科学は生まれる。科学は目的によって左右されない。もし目的によって科学が左右されるならば、科学は自分を狭くし、あるいは無理をして自分の進路を曲げなくてはならぬ。それは科学にとって、この上ない不幸であろう。もし学問の自由というものがあるならば、それは［ハ］を意味している。科学はむしろ逆にその技術的な効果を期待しない。科学自身が技術化されるということは科学にとって望ましいことであるにしても、なお科学はそれを顧慮に入れない。それはただ自分の立つ合理性の根拠にだけ信頼を置くのである。こう言えば古い科学至上主義のようにきこえるかもしれない。しかし僕は科学が至上なものだとは思っていない。そうした科学の合理性こそ逆に技術の要求するものなのである。技術は現実の一定の目的の合理的な処理の仕方についての方法なのである。だから技術の要求するものは合理性であり、現象の法則性である。そうして、そういう現象の法則性は一定の目的から解放された科学であってこそ見いだすことができる。一定の目的に縛られた知性は一般的な合理性に達することはできない。言ってみれば、科学は技術と別なものになることによって、言いかえれば一定の目的から自由になることによって、技術のために、目的のために役立つのである。こういう逆説はすでに多くの人人によって指摘されていて事新しくもない。しかし僕はやはりこれは正しいと思っている。科学は技術ではない。技術に尽きはしないのである。

設問

イ　空欄イを補うものとしては、次の1〜4のうち、どれが最も適当か。一つを選び、1・2などの数字を用いて答えよ。

1　科学が、たとえば工場などで目的を合理化し、現実化することによって

現実の世界との生きた連関を獲ようとしているということが

2　目的は一定の現実によって課せられ、そういう現実の要求に対して、科学は合理的な解決の仕方を与えるためにはたらく知性の活動であるということが

3　自然科学的な実験の装置そのものが技術化され、技術が科学研究にとっても必要となり、いわば科学の研究そのものが技術化されようとしていることが

4　昔は技術という言葉は単に経験によって獲得された手先の熟練というほどの意味であったものが、近頃は合理的な事態の処理の仕方であるといわれるようになったことが

ロ　空欄ロを補うものとしては、次の1〜4のうち、どれが最も適当か。一つを選び、1・2などの数字を用いて答えよ。

1　実はそうだからこそ

2　しかしだからといって

3　しかしそれだからこそ
4　実はそうであるだけに

八　空欄八を補うものとしては、次の1〜6のうち、どれが最も適当か。一つを選び、1・2などの数字を用いて答えよ。

1　科学と技術との分離
2　パッションからの知性の自由
3　科学者が象牙《げ》の塔にたてこもること
4　科学が技術を制御すること
5　知性がパッションによって駆り立てられること
6　科学者がパッションを否定すること

二　次の1〜5のうち、筆者の考えと合致するものはどれか。最も適当なもの一つを選び、1・2などの数字を用いて答えよ。

1　特定の現実的な目的をもった科学でなければ、現象の普遍的な法則を明らかにすることはできない。
2　科学の合理性はヒューマニズムによって規定されるものではない。
3　科学は知性によって証明された合理性によって根拠づけられる。
4　科学は一定の目的から自由であることによってのみ技術と結びつく。
5　科学は技術に結びつき、現実的な価値に役立たなければ意味がない。

《あなたの答》　イ―□　ロ―□　ハ―□　ニ―□

15分後。シゲル、自信なさそうに顔を上げる。

「ん……できた？」

おじさん、腕組みをしたままシゲルに話しかける。

「いちおう答えは選んだけど、よくわかんないや」

「最初から完璧にできたら、勉強なんかする必要ないさ」

「うん……」

「この問題文の著者は、けっきょく何が言いたいの？」

「いちばん最後に書いてあるよ。『科学は技術ではない。技術に尽きはしないのである』って」

「そう。いろいろ書いてあるけど、それが結論」

「ムズカシイこと言ってるわりに、結論は単純だね」

「それにしても、いかにも東大らしい出題だなあ。科学者の卵に『科学と技術のかかわりをいま一度、しっかり考えてほしい』という願いが込められている……。ともあれ、腹もへってきたし、答え合わせをしようか」

「賛成！」

「まず、設問イはどれを選んだ？」

「1」

「おじさんも賛成だ。どれどれ……」

おじさん、すっかり黄色くなった古い赤本のページをめくって、解答を確かめようとする。

「ありゃ！」

と言ったきり、おじさん、黙りこんでしまう。

「どうしたの？　おじさん」

「答えは……2だってさ」

「へえー。おじさんも、まちがえるんだ」

シゲル、ちょっぴりうれしそう。

おじさん、しばし憮然としていたが、やがて口を開く。

「まあな……。そんなことより、どうして答えが2なのか、考えなくちゃ」

「どうしてかなぁー」

シゲル、まだニヤニヤしている。

「イに入るのは、ウォッホン」

おじさん、せき払いをして話しはじめる。

「空白の後に書いてある『独善的な科学研究の無目的に対して現実の目的を与えることによって、その独善の夢を醒ましてやる』と同じ趣旨の文、だな？」

「そうだね」

「2を読みなおしてみると、たしかに内容的には合致している……な」

「でもなんだか、まだるっこしくない？」

「うん、ちょっと抽象的だな」

「なんで、1じゃいけないの？　おじさん」

「うーむ……」

「内容的にも矛盾してないし、こっちのほうが具体的で、ずっとわかりやすいと思うんだけどな」

「おじさんも同じ意見だ。やっぱりぼくも、1を選んじゃうよ。うーん、わからん……。はっきり言って、お手上げだ」

「読者の皆さんに、きいてみたら？」

「そうだね。読者の皆さん、2が正解である理由がわかったら、ぼくとシゲルに教えてください」

「よろしくお願いします」

「それにしても……」

「それにしても、どうしたの？　おじさん」

「よくないな、この設問。だいたい、ぼくは穴埋め問題が嫌いなんだ。穴があくくらい、一語一語じっくり文を読んで、ようやく著者の言わんとすることがわかるっていうのに、最初から穴をあけるとは何ごとだ！」

「おじさん、自分がまちがえたからって、八つ当たりしてない？」

「八つ当たりなんかじゃない。よくない設問だから、よくないって言ってるだけだ」

「そんなに怒らなくてもいいじゃない」

「怒ってなんかない」

「はい、はい」

「しかも、のっけから空白をつくるなんて反則だ！」

「まあまあ……。気をとりなおして次にいこうよ」

「ふん、また穴埋め問題か」

「いつまでもスネてないで、おじさん。ロの答えは、ぼくは自信があるんだよ」

「どれを選んだ？」

「2！」

「理由は？」

「だってさ、1、3、4は、けっきょくどれも一緒じゃない。だから、答えは2以外ありえない」

「まあ、そういう選び方もありだな。文章の流れからいっても、2の『しかしだからといって』がしっくりくるね。著者はここで、『なるほど、科学は一面技術だ。だけど、それだけじゃないぞ』と主張しているわけだから」

「次は、よくわからなかった」

「また穴埋めか……。どうもしつこいな、この年の東大は」

「おじさんだって、『けっこうしつこいぞ、ぼくは』って、いつも言ってるじゃない」

「ちょっと意味がちがうんだけどな……。で、設問ハはどれを選んだ？」

「1」

「惜しい」

「やっぱ、まちがえたか」

「ハの空白の3行前に、『科学は目的によって左右されない』ってあるけど、これがキーセンテンスになっている」

「うん、わかるよ。ハには、それと同じ趣旨の文が入るってことだよね」

「だから、3から6は全部、ポイントがズレてるね」

「じゃ、答えは2？」

「そう」

「でも、『パッション』っていうのは、『情熱』って意味だろう？」

「たしかに『パッション』はふだん、『情熱』って意味で使われている。でも、ここでは固定観念は捨てて、もう一度すなおに著者の文章を読んでみようよ」

「すなおにね……」

「14～16行目に、『一定の目的というのは現実から課せられた想像物であり、その限りそれはパッションにほかならない』っていう文があるだろう？」

「うん」

「要するにこの文章において『パッション』は、『目的』とほぼ同じ意味で使われているんだ」

「うーん……」

「だから2は、『目的からの知性の自由、あるいは科学の自由』ってことになる。要するに、『科学は目的によって左右されない』と同じことだね」

「なるほど。だけど、1じゃダメなの？」

「たしかに科学は技術や目的から自由じゃなくちゃいけないけど、『分離する』こととはちがうんじゃないかな……。後ろから5～4行目に、『（科学は）一定の目的から自由になることによって、技術のために役立つのである』ってあるよね」

「うん」

「技術や目的に縛られず、自由な研究を推し進めることによって、科学は革新的な発明をしたり、普遍的な法則を見いだすことができる。そして、そうやって進歩した科学は結果的に、技術に貢献する。もちろん技術だって、科学に日々ハッパをかけて、進歩をうながしていると思うよ」

「ふむふむ」

「科学は技術に束縛されないけれど、かといって、両者は互いにそっぽを向いているわけじゃない。じつは密接にかかわっているんだ」

「なんか、男女の恋愛関係みたいだね、おじさん」

「おっ、いいこと言うじゃないか、シゲル君」

「そう?」

「互いに束縛はしないけれど、いつでも密にかかわり合っている……。男と女の関係も、かくありたいもんだね」

「おじさんは、いつもそういう恋愛をしているの?」

「いや……。実際は、なかなかムズカシイ」

「ダメじゃん」

「現実は、それほど簡単にはいかないんだ。シゲル君もそのうちわかるさ」

「そうなの?」

「さあ、とっとと最後の設問にいこう」

「これも迷ったよ」

「かなり悩ましいね。こういうときは、消去法でやるにかぎる」

「1はちがうよ。だって『一定の目的に縛られた知性は一般的な合理性に達することはできない』って本文に書いてあるもの」

「本文の趣旨と、まるきり逆だよね。5もそうだけど」

「うん」

「じゃあ、2は?」

「ヒューマニズムの話なんてどこにも出てこないから、これもダメ」

「お呼びでないね。残るは3と4だけど、どっちを選んだ?」

「3」

「3はこの文章の結論ではないけれど、筆者の考えと矛盾はしないね。じゃあ、4がダメな理由は?」

「最初は4があってると思ったんだ。だけどさあ、なんか『のみ』ってとこがひっかかるんだよね。科学は基本的に一定の目的から自由じゃなきゃいけないけれど、技術と結びつくときは多少目的があってもいいよね?」

「そのとおりだよ、シゲル君! 恋愛関係になぞらえて言えば、もしも互いに100パーセント自由で、何のしがらみもなかったとしたら、男と女はいつまでたっても結びつかないからね」

「してみると、いつまでたっても結婚しないおじさんは、自由すぎるってこと?」

「いまはそんな話をしてる場合じゃないだろう? シゲル君」

「ハハ、じゃあ大学に受かったら、おじさんの恋愛論をゆっくり聞かせてくれよ」

「まあ、いずれね……」

「ところでさ、このあいだおじさんに『映画くらいみたら』って言われたから、さっそくDVDを借りてきたよ」

「おお、そうか。で、何をみたの?」

「『バック・トゥ・ザ・フューチャー』。映画なんかみてる場合じゃないでしょう! って母さんにガミガミ言われたけど」

「『バック・トゥ・ザ・フューチャー』か、なつかしいなあ。ぼくは封切りされたとき、映画館でみたよ。おもしろかっただろう?」

「うん、かなり……。で、さっきパッションの話が出てきたけど、ぼくはパッションって聞いて、『バック・トゥ・ザ・フューチャー』に出てきた科学者のドクが、気が狂ったみたいに髪を振り乱して実験に没頭している姿が、頭に浮かんできたよ」

「うん。それも一つのパッション、すなわち情熱だね」

「それで思ったんだけど、タイムマシーンをつくるっていうのは、一定の目的に結びついているのかな?」

「いや、目的というより、科学者の夢じゃない?」

「でもさ、映画にも出てきたけど、悪いやつらはタイムマシーンを利用して、金もうけをたくらむよね」

「うん。タイムマシーンに限らず、科学が進歩して新しい技術が開発されればかならず、それを利用して金もうけをたくらむ人間が出てくる……。でも、ドクはただ純粋に、タイムマシーンをつくりたかっただけだと思うよ」

「そうだね。ドクって人は、お金に興味なさそうだったし」

「もし、金や現実的な目的に縛られていたら、彼はタイムマシーンを発明できなかったんじゃないかな」

「うん、そうかもね」

「タイムマシーンの発明は、科学が技術に尽きないことの一つの例だろう。目の前の現実的な目的にとらわれないで、夢を追いかけること。きっとそれがドクの、いや、すべての科学者のロマンなんだよ」

「へえー。科学者って、ロマンチストなんだ」

「そう思うよ。作家のほうがよっぽど、現実的だね」

「じゃあ現実的な問題として、まずはぼくの国語力を上げて、大学に合格させておくれよ、おじさん」

「おっと、受験はそんなに甘いもんじゃないぞ。志望大学に受かるかどうか、それはシゲル君のがんばり次第だ」

「たしかに現実主義者だね、おじさんは！」

第3の夕べ

おじさん、ドーナツを買ってくる

5. そこへ行けば、ことばがすべてなんだ。

「シゲル君、きょうはおみやげを買ってきたよ」

土曜日の午後4時。いつものようにおじさんが、シゲルの家にやってきた。

「へえー。なんだい？　おじさん」

「ほらっ、どうぞ」

おじさん、上機嫌で抱えていた紙の箱をシゲルに渡す。

「なんだ、またミスタードーナツか……。ワンパターンだねえ、おじさん」

「いらないいなら、持って帰るよ」

とたんに機嫌をそこねるおじさん。

「いらないなんて言ってないよ。ちょうどハラがへっていたんだ。ありがたくちょうだいします」

シゲル、あわててミスタードーナツの箱を開け、中を見る。

「ワンパターンとは、おことばだね……」

おじさん、なおもブツブツ言っている。

「そんなムッとしないでよ、おじさん。あっ、おれこれ好きなんだ。フレンチクルーラー、食べてもいい？」

「じゃあぼくは、チョコレートリングにしようかな。うまいんだよなぁ、これ。昔なつかしいシンプルな味で」

おじさん、ようやく機嫌をなおし、シゲル、ほっとする。

おじさん、シゲルのいれたコーヒーを飲みながら言う。

「食べおわったら、さっそくとりかかろう。きょうの問題も手ごわいぞ、シゲル君」

次の文章を読み、後の設問に答えよ。

たとえばここに、「局長からお電話がありました」という文章がある。何の変哲もない文章であって、この文章が意味するものに関しては誤解の余地はあるまい。ああ、局長から電話があったのか、よしわかった。ただそれだけの反応でことはすむようにみえる。この文章をつとめ先の自分の机に置かれた紙きれのうえで読もうが、長編小説のごく最初の部分で読もうが、何の変わりもないようにみえる。いずれの場合も、この文章の役割は、局長から電話があったという事実を、読む者に伝えることであって、それに尽きる、と、ついわれわれは思いがちだが、ある批評家は、この二つの場合の重大な相違を指摘することによって、その考察を始めている。まず、机のうえの紙きれを読む場合だが、その場合は、われわれは、その局長が、誰で、どういう人物で、どの部屋におり、どんなことをしゃべり、どんなことを言われているかを知っている。たとえわれわれが、そのつとめ先で、まったくの新参であっても、このような事情に変わりはない。その場合でも、われわれは、新参は新参なりにさまざまな事実によって四方八方から押しつけられており、いたるところで事実にぶつかっているからである。そのとき、われわれは、この文章に足をとどめてはいない。この文章は、一種の記号として、われわれを、そういう事実の総体としての現実に運ぶのであり、かくしてわれわれは、この文章を通りこして、たとえばその局長になすべきであった報告を思い起すのである。ところで同じ文章を、小説のなかで読んだ場合はどうかというと、その場合も、われわれが、文章そのものではなく、文章がさし示すものへ向かうという点では、何の相違もないようだ。そして、このような類似性のために、人びとは、日常の言語と小説の言語とを、しばしば同一視することになるのだが、実はここには、一つの根本的な相違があるのであって、この批評家の小説論の独創の一つは、この相違を、きわめて本質的なものとして、その考察の中心に置いたという点にある。

　すなわち、彼の指摘によれば、われわれが「局長からお電話がありました」という文章を小説のなかで読む場合、われわれは、この文章がわれわれのうちに喚起した世界で何が起っているかということに関して、きわめて無知な状態にある。たとえ、作者が小説の進行につれて、その局長をこまごまと描いてみせても、あるいはまた、局長をとりまく役所の状態を精密に描写してみせても、このような事情に変わりはない。われわれのなかには、この「無知」が、一つの本質的要素として存続し続けるのである。なぜなら、小説においては、局長は、この「局長」ということばが発せられたのちに、はじめて存在するものであるからだ。現実の世界においては、われわれは、「局長」ということばに対して、あらかじめ存在している局長の姿かたちや、彼になすべき報告を思い起せばよい。あるいはまた、「何の用事だろう」という疑問を抱けばよい。かくして、これらの想起や疑問のなかに、局長という存在を解消すればよい。ところが、われわれが知りつくしているこの「局長」ということばが、小説のなかに置かれたとき、この場合もやはり、このことばは、日常言語と同様、局長という対象をさし示してはいるが、われわれは、この「局長」を、姿かたちやなすべき報告についての想起や用件に関する疑問のなかに解消することはできないのである。すなわち、このことばは、たしかに局長をさし示しはするものの、そのことによって現実の局長のなかに消え去ることはない。［　ト　］のではなく、「局長」という、言語にして本質なるものが現存するのである。つまり、小説の言語は、刻々に何らかの対象をさし示し、その対象とのかかわりのなかにわれわれをおくという点で、詩の言語と異なっているが、一方、われわれがその対象に対しておのれの生の力で対処し反応することを刻々に拒み続けるという点で日常言語とも異なっているのであり、かくしてそれは、われわれがおのれの生きる力によってでなく読む力によってはじめて接しうるような世界に、人物や事物を、その不透明な堅固さとも言うべき性質を通して現存させるのだ。かくして、小説におけるあの局長は、彼のたくみな表現によれば、「ある言語的本質としてまず存在し、以後、われわれが彼について知りうることは、ことごとく、これらの語に固有の性格によって浸透されることとなる」のであり、「これらの語によって、特殊化され、輪郭づけられた姿を、われわれに示すこととなる」わけだ。このような「言語的本質」としての人物や事物を、われわれはただ読むことしかできないが、小説の言語は、まさしくそのようなものにわれわれを直面させるのである。

設問

ホ　傍線ホの「このような類似性」はどういう類似性をさして言っているのか。次の1〜4のうちから、最も適当と思うものを一つ選び、1・2などの数字を用いて答えよ。

1　一種の記号として、その文章の指示する対象に読者を向かわせるという類似性。

2　一種の記号ではあるが、同時に現実の局長の存在によって裏づけられるという類似性。

3　一種の記号ではあるが、同時に、指示する対象との対応関係をたもつという類似性。

4　一種の記号として、その文章を通りこして現実の局長を思い出させるという類似性。

ヘ　筆者はなぜ「無知」（傍線ヘ）だと考えるのか。その理由として最も適当と思うものを、次の1〜4のうちから一つ選び、1・2などの数字を用いて答えよ。

1　小説の世界では、しばしば現実に存在しない人物や事象が描かれるから。
2　小説の世界は、しばしば読者の体験を越えた事象を描いているから。
3　小説の世界では、ことばが書かれないかぎりなにものも存在しないから。
4　小説の世界は、現実に存在するものを模倣しては描かないから。

ト　空欄トを埋める文として、最も適当と思うものを、次の1～4のうちから一つ選び、1・2などの数字を用いて答えよ。

1　ことばに重なって現実の局長があらわれる
2　ことばにかわって現実の局長があらわれる
3　ことばによって現実の局長が解消する
4　ことばとともに現実の局長が解消する

チ　次の1〜5のうちから本文の論旨と合致するものを一つ選び、1・2などの数字を用いて答えよ。

1　小説の言語と日常の言語との相違点は、前者が記号としての機能を喪失し、現実との対応関係を欠くという点にある。

2　小説の世界の堅固さは、言語の記号性のみによって成立するのではなく、言語を越えた対象に読者を運ぶ象徴性に多くを仰いでいる。

3　日常の言語は、現実の存在によってつねに相対化されるので、観念の肉化をはなはだ不完全にしか成就できない。

4　小説の言語は、日常の言語とともに口語としての共通点をもちながら、一種の文章語としての不透明な堅固さをもつことで、現実の存在のなかに解消できないという特性をもつ。

5　小説の言語は、それがさし示す対象とのかかわりのなかに読者をおきながら、それを現実との対応関係のなかに解消することを許さない。

《あなたの答》　ホ―□　ヘ―□　ト―□　チ―□

「どうだった？　シゲル君」

「うーん……。なんだか疲れたなあー」

「これだけの長さで段落が二つしかないからね。こんなにぎっしり文字が詰まっていると、おじさんも正直、『うえー』って感じになるよ。でも、がまんして読んだら、内容はけっこうおもしろかった」

「言いたいことはなんとなくわかる気がするけど、なんかモヤモヤする……」

「では、さっそく答え合わせをしてみよう。設問ホの答えは？」

「1かな？」

「そうだね。現実においても、小説においても、読者の興味が『局長』へ向かうという点では、同じだからね」

「へは自信あるな。正解は3だろう？」

「うん。傍線のすぐ後の『小説においては、局長は、この「局長」ということばが発せられたのちに、はじめて存在する』という文から、明らかだね……。きょうはなかなか調子いいじゃない、シゲル君」

「問題は、次のトだよ」

「どれを選んだ？」

「1」

「うーん……惜しい。正解は、2だろう」

「やっぱり、まちがえたか」

「まあ、気にするなよ。いい線いってるって」

「そう？」

「空白の後の、『「局長」という、言語にして本質なるものが現存するのである』は、日常のことを言ってるの？　それとも、小説の世界でのこと？」

「なんだかムズカシイことばが並んでるけど、たぶん小説の世界だよね」

「そう。よって、文章の流れからすると、空白には日常を説明することばが入るべきだろう？」

「うん、わかるよ」

「そうすると、3と4は論外だ」

「でもどうして、1じゃなくて2が正解なの？」

「1も完全にまちがっているわけじゃない。でも、空白の直前に『このことばは……

現実の局長のなかに消え去ることはない』って書いてあるだろう？　これは小説においてだよね？」

「うん」

「つまり、逆に日常においては、現実の局長があらわれれば、もう『局長』ということばは必要なくなるってことだ」

「なるほど。だから『ことばにかわって現実の局長があらわれる』のか」

「そういうこと」

「よくわかったよ、おじさん。でも正直いって、そっから先の文章はムズカシすぎて、ぼくには理解不能だよ」

「うん、たしかに難しいね。おじさんだって、100パーセント理解できたわけじゃないさ。でも、著者が言いたいことはなんとなくわかったかい？　シゲル君」

「『日常のことばと、小説のなかのことばは、同じようでもちがう』ってこと……じゃないかな」

「まあそうだけど、問題はどのようにちがうかだ。じゃ、本題へいくよ。設問チの正解は、ズバリどれでしょう？」

「うーん……。4か5か、ずいぶん迷ったけど」

「1は、『記号としての機能を喪失し』、2は、『言語を越えた対象』という箇所が、それぞれ論旨と異なるし、3は小説の言語について何も言っていないから、この3つはおかしいね。さあ4か5か、どっちを選んだ、シゲル君？」

「5」

「正解！　理由は？」

「なんとなく」

「ハハ……。まあ『なんとなく』って感覚も大切だよね。おじさんだって、きっちり理由を説明できるわけじゃない。でも4は、『文章語としての不透明な堅固さ』ってとこが、ひっかかるな」

「だけどおじさん、本文中にも『不透明な堅固さ』って出てくるよ」

「おっ、ちゃんと読んでるじゃないか」

「まあね」

「だけどね、シゲル君。小説のなかの人物や事物が不透明な理由は、文章語で書かれているからじゃなくて、それらが現実の世界に存在しないからじゃないかな。つまり、読者は読んで想像することしかできないから、現実に目に見えるものと比較すると、どうしてもクリアとは言えないよね。当たり前だけど」

「なるほど」

「日常では、ことばはすぐ実際に存在しているものに置きかわるけど、小説のなかで起こる出来事は、読むことによって頭に思い描いていくしかない。だから、小説の世界においては最後まで、ことばに頼らざるをえないんだ」

「うん。モヤモヤがだいぶとれて、クリアになってきたよ」

「そうかい?」

「おじさん、一つ質問してもいい?」

「どうぞ」

「たとえば、小説のなかで『ミスタードーナツのフレンチクルーラー』ってことばが出てきたら、それは日常の『フレンチクルーラー』とはちがうのかい?」

「いいや。『局長』は、一人ひとりみなちがうけど、ミスタードーナツで売っている『フレンチクルーラー』は、日本中どこへ行ってもまったく同じものだよね。だから『フレンチクルーラー』ということばだけだったら、小説でも日常でも、読者が思い浮かべるものはいっしょだろう」

「ふむふむ」

「だけど、『おじさんはミスタードーナツに立ち寄ると、フレンチクルーラーを三つ買い求めた』っていう文が出てきたら、とたんに日常のことばとはちがってくる」

「うん。わかる、わかる。おじさんが、どうしてフレンチクルーラーを選んだのか、だれのために買ったのか、これからどこへ行くつもりか……。先を読まないかぎり、読者にはわからないものね」

「そのとおりだよ、シゲル君。そもそも読者は、『おじさん』を現実的に思い浮かべることができないしね」

「じゃあ、『おじさんは、デパ地下に降りてゆくと、マキシム・ド・パリのチョコレートケーキを買った』っていう文は？」

「もちろん、それも小説のなかのことばであって、日常のことばとはちがうね」

「そうだよね。日常のおじさんは、ミスタードーナツしか買ってきてくれないもん」

「おいおい。そういうことを言ってるんじゃないぞ、シゲル君」

「ハハ……。わかってるよ、おじさん！」

「じゃあ次の問題、いってみようか」

「うん。もう1個、日常のドーナツを食べてから」

6.「設問さまさま」だね、おじさん。

「さてと、これが次の問題だ」

「うへー。一見してムズカシイ言葉が並んでいて、カタ苦しそう」

「そうだね。ちょっと手ごわいかも」

「苦手だなあ……こういうの」

「おじさんだって、難しい文章は好きじゃないさ。つべこべ言ってないで、とにかくやってみよう」

「わかったよ。晩メシまえのひと仕事！」

［'77年度・理科1］

次の文章を読み、後の設問に答えよ。

文化・自然・歴史・理性・伝統といった翻訳語は、それがもともと動詞としてあったこと、したがって名詞（概念）と化してもその動的な原義を保存していることを忘れさせてしまう。生きた、実践的なあり方から切りはなされて、われわれは静的で固定した抽象概念のみを受けとっている。イそこから出発すれば、われわれはたやすく反文化・反伝統・反歴史などを考えることができるが、実は何の意義ももちえない。このことは、とくに日本の思想家にかぎられた問題ではない。ただ、われわれの困難の特殊性はすでに漢字を輸入したその時点以来、動詞が成熟して名詞（概念）となる健全な道筋をたどれなかったことによるのである。われわれを規定しているのは、言語というよりはむしろ文字である。

あらゆる概念を、その動詞形にもどしてみること、それがわれわれの「思想」を、「考える」という行為にひきもどす唯一の方法である。思想的混乱とは、実際上言葉の混乱にほかならない。言葉の混乱に足をすくわれたとき、われわれはなんらかの解決を外に、あるいは他の言語体系（理論）に探しもとめるかわりに、ただ単純に、言葉をその動的なあり方において考えてみればよい。「ことをわる」という行動をおいて、世界に理《ことわり》はない。世界を説明する原理があるかないかは、まったく空疎な問題である。どんな論理《ロジック》も、レゲイン（ロゴスを働かせること）、すなわち多様な事物を、「集め、比量し、秩序立てる」という行為をおいて存在するのではない。つまり、そういう実践的な在り方から遊離した論理は、いかに論理的であっても、言葉というイドラのなかで空転しているにすぎないのである。

自然という概念は、おそらく最も多義的な概念である。したがって、これほどあいまいに用いられている言葉もない。しかも、この多義性はたんにそれだけにとどまらず、たとえば人間の本性 nature に対する見方の対立としても、なおわれわれの思弁的問題の根幹を占めている。しかし、そのように対立した自然観は、まず「自然とは何であるか」という一層根本的な問いをおきざりにしたところで成立しているので、結局のところ独断的なものたらざるをえないのである。一方は「自然へ帰れ」といい、他方は「自然を支配せよ」という。たとえばルソーやホッブスには、それぞれの根拠がある。だが、そのレベルで考えているかぎり、われわれは堂々めぐりをするほかはない。それゆえに、このような混乱に対してなすべきことは、自然をその動詞形において考えてみることである。

泉井久之助『ヨーロッパの言語』によると、natura（ラテン語）とは産出すること、もしくは産出させる能力のことであったが、第二義的に、「天成の性質、本質」となり、また産出・生成の結果としての万物、自然の意味に転じてきたという。

《紀元前後の古典期ローマの人々の言語意識には、natura の第一義もまだいきいきと生きていた。natura はラテン語において、先ず万物の生成・産出の力であり、生成の過程であり、ようやくその結果としての「自然」であった。この語の本義は、はなはだ力動的であったのである》（同書）

自然という語の抽象化の過程をみれば、自然が人間の活動をもふくんだ動的な在り方から、あらかじめ内在する本質・本性の意に転じ、さらにたんなる外的な対象物の意に転化していったさまが、はっきりとみてとれるであろう。そして、十九世紀以来もっとも本質的な思想家は、［へ］といっても過言ではない。フォイエルバッハのいう自然は、自然と自然の一部としての人間の動的な実践的な在り方をたんに結果だけからみたものにすぎないというマルクス、「生成」を分析的にとらえ固定化してしまった思考を逆転あるいは動的にしようとしたニーチェ、ベルグソンといった人々の共通課題が、natura を原義において蘇生させることにあったことは明らかである。大切なのは、しかし、もとの意味を知識として知ることでもなければ、「ソクラテス以前」にもどることでもない。現実にわれわれの「思想」を、「考える」という行為において蘇生させることである。

〔注〕　イドラ――ラテン語の idola。偶像・幻像などの意。

設問

イ　傍線イに「そこから出発すれば、われわれはたやすく反文化・反伝統・反歴史などを考えることができるが、実は何の意義ももちえない」とあるが、筆者がこのように言う真意はどこにあると考えられるか。次の1～4のうち、最も適当なもの一つを選び、1・2などの数字を用いて答えよ。

1　文化・伝統・歴史などに対して、論理的に反文化・反伝統・反歴史などを措定することは可能であるが、それらは無意味な概念である。

2　既成の文化・伝統・歴史などと対抗する新しいそれを建設することは重要だが、抽象概念としてのみ、反文化・反伝統・反歴史などと言ってみても、実践的な在り方から切りはなされた概念である限り、言葉の遊戯にすぎない。

3　われわれの持つ文化・伝統・歴史などとは相反し、相いれない文化・伝統・歴史などを想像することは可能であるが、われわれがすでにその内にあり、われわれを規定している文化・伝統・歴史を否定してみても、それは無意味な観念の遊びにとどまる。

4　文化・伝統・歴史などは、動詞にもどして、実践的なあり方において把握できる概念であるが、反文化・反伝統・反歴史などは、そのような意味において把握することが不可能な概念であって、なんらの有効性も持たない。

ロ

傍線ロに「そのレベルで考えているかぎり、われわれは堂々めぐりをするほかはない」とあるが、なぜ「堂々めぐりをするほかはない」のか。次の1〜4のうち、最も適当なもの一つを選び、1・2などの数字を用いて答えよ。

1　「自然へ帰れ」というルソーの主張にも、「自然を支配せよ」というホッブスの主張にも、それぞれ根拠があり、われわれはいまそのどちらかを選択するための根拠をもたないし、また、それらを超克する思想をも持たないから。

2　「自然へ帰れ」も「自然を支配せよ」も、ともに現代社会の課題に対して有効性を持つ主張であるので、この相対峙する提言の前に立って、われわれは当惑せざるをえないから。

3　ルソーやホッブスには、それぞれ根拠があるが、それは彼等の生きた西欧の十七・八世紀の状況において有効であったのであって、激しい社会変動を経た現代社会においてどちらが合致するかを争っても不毛であるから。

4　「自然へ帰れ」が正しいか、「自然を支配せよ」の方が正しいかという議論は、実践的なあり方から切りはなされているかぎり空疎なものであるから。

八　空欄 八 を補うには、次の1～4のうち、どれが最も適当か。一つを選び、1・2などの数字を用いて答えよ。

1　その間の事情を理解していた

2　その過程を逆にたどろうとした

3　自然という言葉を原義において用いた

4　つねに実践によって思想を裏づけていた

二　傍線二の「『ソクラテス以前』にもどること」は、ここではどういうことを意味していると考えられるか。次の1～4のうち、最も適当なもの一つを選び、1・2などの数字を用いて答えよ。

1　抽象概念を用いた思考をすること
2　生きた、実践的なあり方に即して考えること
3　たとえば「自然」をその第一義において用いること
4　われわれの思弁的問題をソクラテス以前の哲学に還元して考えること

《あなたの答》　イ――□　ロ――□　ハ――□　ニ――□

15分後……。

「ギブアップ！　これ以上考えてもわからないよ、おじさん」

「ギブアップって……ちゃんと答えを選んだんだろうね、シゲル君」

「いちおうね。でも、ぜんぜん自信ない」

「たしかにこの文章は、難しい。正直、ぼくも半分くらいしか理解できなかった」

「おじさんでも、かい？」

「ああ。ちょっとした文章の迷路だね」

「ぼくは東大を目指すわけじゃないから、わざわざ迷子にならなくてもいいんだけどな」

「でもね、シゲル君。迷路から抜け出す訓練も、ときには必要さ」

「そうかい？」

「文章の迷路にはまったら、最初から最後まで一字一句、完璧に読みこなす必要はない。書き手が読み手に伝えたいポイントっていうのは、基本的に一つだからね。なんとか出口を見つけ出すよう、がんばるんだ」

「わかったよ、おじさん」

「では、一つひとつゆっくり考えていこう。設問イは？」

「うーん……。いちばんもっともそうな、2を選んだ」

「どうして、もっともだと思ったの？」

「理由は説明できないけど、2を読んだら逆に、ちょっとわかったような気がしたんだ。著者が何を言おうとしているのか」

「そうか……。じつはぼくも、シゲル君といっしょでね。2の文を読んだらモヤモヤがとれて、頭の中がすっきり晴れわたったよ」

「えっ、おじさんも？」

「そう。この設問のおかげで、著者が伝えたいことが明確になったんだ。2はけっきょく、どういうことを言っている？」

「反文化・反歴史なんて言ってみても、実践的な在り方から切りはなされている限り、言葉の遊びにすぎないってことだろう？　……書いてあるとおりだけど」

「そうだね。問題文の最後に、『大切なのは……現実にわれわれの「思想」を、「考える」という行為において蘇生させることである』って文が出てくるけど、これもほぼ同じことを言っている」

「カンタンに言えば、『理論より実践』ってことだよね」

「そりゃちょっと、簡単すぎるな」

「あっ、そう……」

「ここでの実践は、『考える』という行為を指している」

「ふむふむ」

「抽象的な名詞は、その言葉の語源である動詞までさかのぼって考えて、はじめてほんとうの意味を持つってことだろう。それが、著者がこの文章で伝えたかったことだ」

「なるほど」

「それにしても、設問を読むまでは考えがまとまらなくて、どうしようかと思ったよ」

「『設問さまさま』だね、おじさん」

「ホントだね。設問の文を読んではじめて、著者が言いたいことが明らかになったわけだから」

「わからないときはあきらめないで、設問からヒントを探すことも重要なんだね」

「そのとおりだよ、シゲル君！」

「よし！　イが当たったとなれば、次のロは自信あるぞ。答えは4だろう？　おじさん」

「そう。ロは、イとほとんど同じことを質問しているね。実践的なあり方から切りはなされていたら、いくら議論しても空しいってことだ」

「次は……」

「……また出たか」

「おじさんのキライな穴埋め問題」

「シゲル君、どれを選んだ？」

「4……ぜんぜん自信ないけど」

「おじさんは、2だ」

「それで、正解は？」

「えーと……」

赤本のページをめくって解答を見ると、おじさんはため息をついた。

「ふーう……1だってさ。二人とも、まちがえちゃったね」

「あれっ？　おじさん、きょうは怒んないの？」

「ハハッ、怒る気にもなれない。たしかに1は無難だけど、2や4じゃいけない理由は、ぼくには説明できないな」

「じゃ、この設問は無視していい？」

「いいと思うよ。ハイ、次いこう！」

「次もよくわかんなかった。もしかして、これも無視していい？　おじさん」

「おっと、ハはどうでもいいけれど、ニは無視できないな」

「あっ、そう……」

「消去法でもう一度、考えてごらん」

「2がちがうのはわかるよ。だってこれは、結論の『われわれの「思想」を、「考える」という行為において蘇生させること』と同じことを言っているから」

「そうだね。ここでは、結論とは異なる内容のものを選ばなくちゃね」

「1もちがう気がするな。だって抽象概念って、昔の人たちより現代人のほうが好きそうだもの」

「もちろん哲学者たちは、昔からものごとを抽象的に考えていただろうけど、それは現代においても同じだから、『ソクラテス以前』にもどることとはちがうね」

「やっぱり3かなあ……。昔の人たちは現代人より、『自然』を大切にして生きていたと思うから」

「うん。たしかにシゲル君の言うとおり、昔の人は現代人よりはるかに、自然に寄りそって生きていただろう。でもここでは、そういうことを話題にしているわけじゃない」

「やっぱり、まちがえたか」

「がっかりすることはない。ちょっと考えすぎただけさ。ここはシンプルに、4を選ぶべきだろうね」

「シンプルに?」

「4は、『われわれの抱える問題を、ソクラテス以前の時代にもどり、その哲学にのっとって思考する』ということだね。『そんな必要はないよ』と、著者は言ってるんだ」

「そうか……」

「くり返しになるけれど、著者が伝えたいのは、『抽象的な名詞は、その言葉の語源である動詞までさかのぼって考えて、はじめてほんとうの意味を持つ』ってことだ。つまり、何かを思考するときは、抽象的な概念だけで考えないで、もう一度、原点にもどって考えなきゃいけないってことだよね」

「原点にもどって？」

「大切なことだよ」

「それにしても、意外だったなあ……」

「何が意外だったの？　シゲル君」

「ぼくは、言葉っていうのは名詞が先にあって、動詞が後からついてくるのかと思ってた。たとえば、『お茶する』とか『カラオケする』とか……」

「もちろん、名詞が先にあるケースのほうが多いだろう。ドーナツとか、チョコレートケーキとか、シイタケとか……」

「なんで食べ物ばかりなんだい？　おじさん」

「ネコだろうが、海だろうが……とにかく実際目に見えるものは、はじめにその呼び名、すなわち名詞があったはずだ」

「そうだよね」

「でも、『文化』だの『歴史』だの『理性』っていうのは、目に見えないだろう?」

「うん」

「こういった目に見えない抽象的なものは、言葉として動詞が最初にあったということだ。その名詞形は、人間の頭の中で長年かかって、徐々に形成されていったんだろうね」

「ふーん。頭の中で、熟成されていったのか……」

「いい表現だね、シゲル君!」

「そうかい?」

「『自然』や『文化』という言葉は、動詞から名詞へ変化してゆくために、長い熟成期間が必要だったわけだ。ワインやチーズと同じようにね」

「けっきょくおじさんの話は、食べ物に行き着くんだね」

「もうすぐ晩ご飯だよ。きょうは腹がへらないのかい? シゲル君」

「なんだか、気が重くてさ……。これからずっと、こんな難問が続くのかと思うと」

珍しく神妙な顔をしているシゲルに、おじさんは語りかけた。

「ぼくも受験生だったころ、国語の問題文を読むたびに、それまで考えたこともなかった概念や思想にぶち当たって、当惑したものさ。きっとシゲル君も、同じだろう？」

「うん。『そんなの知らないよ！』って、思わず言いたくなる」

「でもそれじゃあ、なんの進歩もない」

「まあね」

「だから、うんうんうなって考えるんだ。著者は問題文を通して、いったい何を伝えたいのか？　どうしてこの文章を、書かずにはいられなかったのか……。著者の気持ちを、ちょっとでも理解しようと努めなきゃ」

「たしかに……何か言いたいことがなければ、文章なんて書かないもんね」

「文字だけ追っていても、文章の意味を真に理解することはできない。読解というのは、『文章を読み、著者の心を理解する』ことなんだよ」

「なるほどねえ」

「会話だって同じさ。耳に入ってくるのは言葉だけれど、相手が何を伝えたくてしゃべっているのか、どんな気持ちでしゃべっているのか。それが理解できなければ、コミュニケーションにならないだろう？」

「うん。相手が何考えてるかわかんないと、話もぜんぜんかみ合わないもんね」

「まあ、読解ってのは骨が折れる作業だけど、でも、がんばって格闘しなくちゃ」

「カクトウ？」

「英語も、数学も、生物も……どの教科も同じだけどね。勉強するっていうのは、きのうまでまったく知らなかった知識や思想を、いきなりつきつけられることなんだ。それらを自分の頭で考え、理解し、身につけるのは、一筋縄ではいかないだろう？苦労が伴って当然なのさ」

「そうだね。ぼくも毎日苦労の連続だよ、おじさん」

「それは、『格闘』以外のなにものでもない」

「格闘かぁ……。あっ、思い出した！　今夜は、K－1があったんだ」

「は？」

おじさんは、ハトが豆鉄砲を食ったような顔をして、シゲルの顔を見た。

「K－1さ。究極の格闘技だよ。おじさん、知らないのかい？」

「知ってるよ、K－1くらい。アンディー・フグとか、ピータ・アーツとか……」

「古いなあ……。今夜、テレビで生中継されるんだ。おじさんも最新のK－1、みていったら？」

「K－1ねえ……」

「さあ、晩ご飯だ！」

さっきまでのユーウツな面持ちはどこへやら、シゲルは意気揚々とダイニングルームへ向かった。

そんなシゲルのうしろ姿を眺めながら、おじさんはつぶやいた。

「やれやれ、先が思いやられるな」

第4の夕べ

重量オーバーで来た郵便

7.「石のような男」になってみたい?

——ピーン・ポーン!

土曜日の昼下がり、シゲル家のチャイムが鳴った。

2階から勢いよく下りてきたシゲルは、玄関の扉を開けた。しかし……そこに立っていたのはおじさんではなく、郵便配達の若い兄さんだった。

「すみませーん」

1通の封筒をさし出すと、配達員は言った。

「この封書は重量オーバーですので、追加料金を60円、いただきます」

見れば、いまにも中身がとび出しそうなくらいパンパンにふくれ上がっているにもかかわらず、封筒に貼ってあるのは80円切手1枚だ。

——しょうがねえなあ。こんなにつめ込んだら、80円で届くわけないじゃないか。

考えが浅いというか、非常識というか……。

ポケットから10円玉と50円玉を1枚ずつ出し、ずっしり重い封書を受け取りながら、シゲルは口をとがらせた。

——しかも、なんだいこの汚い字は。ほとんど判読不能じゃないか。近ごろの大人ときたら、まったく……。いったいだれだよ、差出人は。

シゲルは首をひねりながら、封筒を裏返した。

——あれっ、おじさんじゃないか！

シゲルはあわてて封筒をひっくり返すと、もう一度宛名を確認した。

よくよく見れば、ミミズがのたくったような汚い字で、「後藤シゲル様」と書いてあるではないか！

急いで開封すると、中からおじさんの手紙と、三つ折りになった問題文のコピーの束が出てきた。


シゲル君、元気でやってますか？

いよいよ秋も本番、勉強に身が入る季節になってきましたね。おじさんもいろいろとがんばっています。

手紙はワープロで書かれていたので、シゲルはホッとした。おじさんの汚い字を判読していたら、問題にとりかかる前にやる気をそがれてしまう。

さて、申しわけないけれど、今週ぼくは所用があってそちらへ行けません。

おっと、デートじゃありませんよ。やぼ用というやつです。

——いいって、おじさん。ぼくが浪人生だからって、気をつかわなくても。

見当ちがいのおじさんの心づかいに、シゲルは思わず苦笑いした。

そんなわけで、今週はシゲル君といっしょに問題を解くことができなくて、ちょっぴり残念です。

でも、だからといって、せっかくお互い調子に乗ってきたところで1週間空けてしまうのは、なんだかもったいないよね。

「……まあね」

シゲルは肩をすくめ、つぶやいた。


だから今週は、シゲル君に問題文を送ることにしました。なかなかグッドアイディアでしょう?

えっ、いらない?

そんなこと言わないで、いつもと同じように土曜日の夕方、腰を落ちつけて、じっくり格闘してくださいな。

解答と、ぼくが書いた解説も同封します。だけど、くれぐれも答えから先に見ないように……。


「言われなくてもわかってるぜ、おじさん!」

シゲルは問題文の束をわしづかみにすると、ふたたび勢いよく、2階にある自分の部屋へかけ上がっていった。

［'71年度・文科 2］

次の文章を読み、後の設問に答えよ。

　あの人は石のような人だ、と言えば、どのような人のイメージが思い浮かぶだろうか。それはむろん、石についてどのようなイメージをもつかによって異なるだろう。いちばん普通には、石のように冷たい人、という感じがある。石のようなこころと言えば、冷淡、非情といった性格が連想される。しかし、冷たいということが果たして石のもっとも中心的な性格だろうか。具体的にわれわれの周囲にある石の建造物や造型を考えてみよう。たとえば石垣、石段、石造建築。これらは冷たいか。大きな自然石を積みあげた石垣は堅固な力強さは感じさせるが決して冷たくはない。むしろ不規則な形の大小の石が組みあってつくるリズミカルな均衡と調和は、意外にも一種のあたたかさを感じさせる。石が非情な自然であるだけに、その石がつくりだす有機的な統一がかえってわれわれに安らぎを感じさせるのだろうか。石にはわれわれを安心させる□(a)がある。だから冷たくはない。

　同じことは石段についても言えるし、家についても言える。わが国の古い寺院や神社はたいてい小高いところに位置を占め、したがってそこに行くには石段を踏んで行かなければならない。何百年のあいだに多くの人が登り降りした歴史の跡をとどめている石段、そこにあるのはやはり冷たさではなく、むしろあたたかさである。ここでも、石の非情な堅固さが逆にかえって人間の血のあたたかさを刻印していると言えよう。石の堅固さがそれを支配するⓑ□の秩序をかえってきわだたせているのである。石が土や木よりもはるかに人間の手に負えないもの、人間に対立し抵抗するものであるからこそ、その石の確かな手ごたえはわれわれに人間性の独立と自由を感じさせる。

　石の造型が独特の魅力をもっているのも同じ理由にもとづくのであろう。日本の古い大きな庭にはたいてい燈籠が重要な点景をなしていて要所をしめくくっているが、そして石燈籠にはさまざまな形があるが、そのいずれもが冷たい感じを与えるかわりに、逆に人間的なあたたかさを感じさせる。ⓒ□には見出されない抽象的なフォルム、石の肌《はだ》のふくよかなまるみ。それは言わばものとなった人間である。しかもこのあたたかさが、単にデザインの面白さだけから来ているのではなく、石という自然の堅固な材質に多くを負っているという点に注意しなければならない。セメントや鉄で燈籠をつくっても、それは石燈籠のようなあたたかさをもつことはできないのである。

　こういうふうに見てくると、石のようだという形容から冷たいという感じを受けとるのはまちがっているように思われる。たしかに石は非情な無機的自然であり、人間的なものを拒む堅さと冷たさをもってはいるが、それだけにかえって、この非情の自然に刻まれた人間のしるしはきわだって人間的なものを感じさせるのである。およそ抵抗のないところに緊張はなく、緊張のないところに美はない。石に刻まれた人間のしるしが美しいのは、石が堅固な自然であり、その堅さとたたかう精神の緊張を純粋にあらわしだすからであろう。

設問

ホ　右の文章中の空欄（a）・（b）・（c）を埋める語の組み合わせとして、次に

あげたもの（1〜4）のうち、最も適当と思うもの一つを選び、1・2などの数字を用いて答えよ。

1 （a）あたたかさ （b）人間精神 （c）自然
2 （a）堅固さ （b）自然 （c）人間
3 （a）堅固さ （b）人間精神 （c）人間
4 （a）あたたかさ （b）自然 （c）自然

へ 「セメントや鉄で燈籠をつくっても、それは石燈籠のようなあたたかさをもつことはできない」とあるが、筆者はなぜセメントや鉄でつくった燈籠があたたかくないと考えるのか。その理由として、次にあげたもの（1〜4）のうち、最も適当と思うもの一つを選び、1・2などの数字を用いて答えよ。

1 セメントや鉄は長い年月にたええない人工的材質だから。
2 セメントや鉄では抽象的なフォルムがつくりだせないから。
3 セメントや鉄は人工的材質で自然のような非情さがないから。
4 セメントや鉄は石よりももっと堅固で人間の手に負えないから。

ト　「この非情の自然に刻まれた人間のしるしはきわだって人間的なものを感じさせる」とあるが、ここでいっている「人間のしるし」に妥当する度合の最も低いと思われるものは、次にあげたもの（1～4）のうち、どれか。一つを選び、1・2などの数字を用いて答えよ。

1　石垣の大小の石が組みあってつくるリズミカルな均衡と調和。
2　日本の古い庭の要所を石燈籠でしめくくってあること。
3　石段の、多くの人が登り降りした歴史の跡。
4　石燈籠の石の肌のふくよかなまるさ。

チ　本文の趣旨にそう「石のあたたかさ」の例としては、次にあげたもの（1～4）のうち、どれが最も適当か。一つを選び、1・2などの数字を用いて答えよ。

1　故郷の寒村で、ふと行きずりに見た老農の皺だらけの顔に、わたしは寡黙な石を見た。しかし、それは「石も叫ばん」という、あの堅固な意志を秘めた石である。

2　ひとりさみしき吾《わが》耳は
吹く北風を琴《こと》と聴《き》き
悲しみ深き吾目には
色彩《いろ》なき石も花と見き

3　ポーやボードレールは「ごろた石」のような冷酷な心を抱《いだ》いていた、と芥川龍之介が書いたとき、彼がその人間的な、余りにも人間的な悪魔主義をひそかに憧憬《どうけい》していたのは確かである。

4　パリの最初の強い印象は、これが石の街《まち》だということだった。石の家は外来者を拒否しているように見える。しかし、長くいればいるほど、こんなに居心地のいいところはないように思われてくる。

《あなたの答》　ホ―□　ヘ―□　ト―□　チ―□

以下、おじさんの解説。

どうでしたか、シゲル君？

なかなかおもしろい問題でしょう？　「石のあたたかさについて」なんて、考えたことないもんね。

では、さっそく答え合わせをしますか。

設問ホは、いきなり穴埋め問題だけど……いやー、ホントまぎらわしくて、まいったよ。

シゲル君はできたかい？　おじさんは、ものの見事にまちがえた。穴埋め問題は全滅だね、ハハ……。

あまり重要な設問とは思えないけど（言い訳）、このままやり過ごすのもしゃくだから、ちゃんと考えてみよう。

（a）に入るのは、直接的に「あたたかさ」でいいような気もするけれど、第2段落5～6行目の「石の非常な堅固さが逆にかえって人間の血のあたたかさを刻印している」という文からして、「堅固さ」の方がいいかもね。

（b）も、まぎらわしいね。でもやはり、後に続く「石の確かな手ごたえはわれわれに人間性の独立と自由を感じさせる」という文から、ここは「人間精神」のことを言っていると解釈すべきだろう。

ここまでくれば、答えは3しかないんだけど、ぼくが惑わされたのは（c）だ。「抽象的なフォルム」という言葉から反射的に、「自然には見出されない」と、解釈してしまったんだね。「抽象的」っていうのは、人間の頭の中で概念的に考えられたもので、自然とは反対のイメージだから。

でも……冷静に考えてみると、人間のフォルム、すなわち一人ひとりの姿・形も、天から与えられたものであり、自然の一部なんだよね。それと、後に続く「ものとなった人間」という表現から、ここは「人間には見出されない」のほうが適当かもしれない……。

これ以上、ぼくには説明できないな。まあ、このくらいでカンベンしてください。前にも言ったとおり、4問中2問以上できれば合格ですから。これは、捨て問題（笑）。

さあ、気をとりなおして、こっからが本番！　続く三つの設問へ、ト、チは、どれも重要だから、ぜひともきちんと理解してほしい。

設問へは、わかりやすいね。
1、2は的外れだし、4も論旨からズレちゃってる。
第4段落2~3行目の「石は非情な無機的自然であり」という表現からしても、正解は3しかないでしょう。

次の設問トでとりあげられた、「この非情の自然に刻まれた人間のしるしはきわだって人間的なものを感じさせる」という文、これはキーセンテンスだね。

著者が読者に伝えたかったポイントが、まさにこの一文に集約されている。そう思わない? シゲル君。

石そのものは、人間的なものを拒む堅さと冷たさを持つ、非情な自然である。しかし、石が容易には加工できないものだからこそ、そこに刻まれた人間のしるしは、とても人間的なものを感じさせる。苦労して石と向き合い、格闘した人間の営みが、そこに脈々と感じられるということだね。

そこで設問トだけど、「人間のしるし」を感じる度合いがもっとも低いもの、言いかえれば、石と向き合う人間の営みがもっとも感じられないもの、石と人間のふれあいがいちばん薄いものを選べばいいわけだ。

もう、わかったね。正解は2だ。

庭の要所を石燈籠でしめくくるのは、一つの決まりごとであって、石と人間の直接的なふれあいを感じさせるものではないからね。

最後のチも、この文章における「石のあたたかさ」の意味がわかっていれば、自然に答えられるはず。この設問はトと逆で、石と人間のふれあいが、もっとも色濃く感じられるものを選べばいい。

そう、答えは4だね。

石の家は長くいればいるほど、居心地がいいと言っているのだから。これこそまさに、「石と人間のふれあい」でしょう。


ということで、1問目はいかがでしたか、シゲル君?

「石の非情な堅固さが逆にかえって人間の血のあたたかさを刻印している」いやあー、とっても味わい深い文章でしたねえ。明日から石を見る目が、ちょっぴり変わるかもしれませんねえ。

いままで気がつかなかったけど、「石のような人」っていうのも、案外カッコいいかもしれませんねえ。

——さまざまな困難と向き合い、格闘してきたその男は、一見冷たそうで、近寄りがたい雰囲気だが、よく見ると、顔に刻まれたしわの一つひとつに、人間的な「あたたかさ」が隠されていた……。

そんな、石のように味わい深い人間に、ぼくもなりたいですねえ。「石のような男」と、いつか言われてみたいですねえ。

えっ、なに？

「おじさんの妄想はたくさんだから、早く晩ご飯を味わわせろ」って？

まあそう言わずに、2問目をどうぞ。こちらもなかなか、味わい深いよ！

8. 青カビは、黙して語らず。

［'74年度・文科2］

次の文章を読み、後の設問に答えよ。

画家は模写という事をよくやる。大画家にとっても、模写は大変自然な大事な仕事になっている。なぜ、彼にとっては、いわば自覚した子供に立ち還《かえ》る事が、大変自然なまた大事な事なのか。これはよく理解されていない。画家は、自然を模写しはしない。画を模写する。しかも、何かの意味で自分より優れていると信ずる先人の画を写すのである。信頼し尊重する人の思想を、よく理解したいと思うと、画家はおのずから模写という行動に誘われる。全的な人間理解を得ようとすると、おのずから模倣という行為が現われざるを得ないのである。模倣するとは信頼する事だ。美術史は、模倣の歴史である。美しい画の系列が、黙々たる信頼感によって打ち続く有様には、驚くべきものがある。美術史をどんなにさかのぼってみても、独力で自然から描いた画家なぞに出会う事はできない。初めに人真似があったのである。

手本に頼るな、自然から描け、個性を重んぜよ、といういわゆる自由画教育の主張は正しいように見えるが、よく見ると一種の思い付きに過ぎない。画家はよく知っているが、そういう思い付きは、画家の実際の仕事には少しも合わないのである。画家は実際に仕事を始めれば、個性というような空漠《ばく》たる概念を、どうあつかっていいか知らないし、自然という対象さえ、無償で与えられているものではない事を知らされる。風景画や静物画が通例の事になった今日でこそ、自然という対象を苦もなく考えるのだが、人間という画題に、自然という画題がとって代わるのには、西洋でも東洋でも、長い歴史を要したのである。まず語りかけてきたものは人間であった。人間への信頼が、自然美の発見に転化されるに至る緩慢な歴史は、おそらく今日の画家の苦心のうちに圧縮されて存するであろう。

歴史とはそういうものだ。自然は、ただ与えられてはいない。私達が重ねてきた見方のうちに現われるのである。画家は、人間との交際に似た、あるいは人間との交際が教えたある種の関係を、自然との間に結ばねばならぬ。そういう関係のなかにしか、画家にとって、自然は、いやあらゆる対象は対象たる意味を持たない。ト自然は、こちらに口を割らせる術《すべ》がなければ、何事も語りはしない。美しくも醜くもない。画家は自然から直《じか》に学びはしない。むしろ自然を信ずる事を、愛する事を学ぶのである。手本によらず、モデルによって描く流行は、真の画家の仕事を少しも容易にはしていない。例えばチ天才少年画家というような怪物の出現を容易にしているだけだ。モデルを描きながら、自分の□a的な形を追う事ができなければ、モデルはモデルの用をなすまい。この□aを教えるものは名画というモデル、名画という思想である。模写する画家は、他人への信頼と無私な行動とが、一番よく自分の個性を育てる事を知っている。

設問

ホ　右の文章中の空欄aには同一の語がはいる。どのような語を入れるのが良いか。次にあげた1〜4のうち、最も適当と思うもの一つを選び、1・2などの数字を用いて答えよ。

1　個性　2　理想　3　自然　4　人間

ヘ　傍線への「自覚した子供」とは、どういう意味か。次にあげた1〜4のうち、最も適当と思うもの一つを選び、1・2などの数字を用いて答えよ。

1　美術史が模倣の歴史であることを自覚し、自然を子供のような目で見うる人という意味。

2　自己の個性を自覚し、対象との間に子供のように無私な関係を結びうる人という意味。

3　先人を信頼し子供のように無私になってそれを模倣し個性をのばしうる人という意味。

4　手本に頼らず自然を描き、おのずから個性的でありうるような人という意味。

ト　傍線トの「自然は、こちらに口を割らせる術《すべ》がなければ、何事も語りはしない。」とは、どういうことか。次にあげた1〜4のうち、最も適当と思うものの一つを選び、1・2などの数字を用いて答えよ。

1　自然は、人間の方から学ぼうとするのでなければ、美について何も教えてくれないものだ、ということ。

2　自然は客観的に与えられているのではなく、見る者の見方によって美や醜として現われるものだ、ということ。

3　画家の側に自然に対する信頼や愛情がなければ、自然は個性の秘密について教えてはくれないものだ、ということ。

4　画家が、無私になって自然を愛するのでなければ、自然は人間について何も語ってはくれないものだ、ということ。

チ　傍線チの「天才少年画家という怪物」という表現は、筆者のどのような気持ちを表わしているか。次にあげた1～4のうち、最も適当と思うもの一つを選び、1・2などの数字を用いて答えよ。

1　個性を重んじ、自由を尊重することこそ大事だと考える立場から、天才少年画家の出現を期待する気持ちを表わす。

2　自覚した子供に立ち還ることこそ大事だと考える立場から、天才少年画家の出現を讃美する気持ちを表わす。

3　真の画家は模写による習練を経て育てられるものと考えているので、天才少年画家に対し否定的な気持ちを表わす。

4　大画家はモデルを描くことからは生まれないものだと考えているので、天才少年画家を軽視する気持ちを表わす。

《あなたの答》　ホ―□　ヘ―□　ト―□　チ―□

うーん、すばらしい随筆だねえー。さすが東大の入試問題、おじさんは感動した！

どんなに天才的な画家であっても、最初から自力で自然を描けるわけじゃない。まずは先人たちの作品に深く心を動かされ、その画を模写することからはじまる……。

これは画家だけでなく、音楽家にも、科学者にも、アスリートにも、すべての職業に当てはまることだろう。どんな分野であっても、偉大なる先輩たちを尊敬し、彼らを模倣することが基本なんだねえ。

えっ？　前置きはもういいから、さっさと設問の解説をはじめてくれ？

はい、はい。わかりました。

設問ホは穴埋め問題だけど、これは文章の最後のほうにあるから後回しにするよ。全体像が見えてから考えたほうが得策だろう。順番どおりやらなきゃいけないっていう決まりは、ないからね。

設問へは、わかったかな？

「自覚した子供に立ち還る」というのは、ここでは「模写すること」を言っているのは、文脈から明らかだよね？　よって答えは、「模倣」にふれている1か3にしぼられる。

1は、「自然を子供のような目で見うる」というところが、本文の趣旨と食いちがうね。やはりここは、「子供のように無私になって先人の画を模倣する」という意味だろう。だから、正解は3だ。

次の設問トで問われている「自然は、こちらに口を割らせる術がなければ、何事も語りはしない」は、この文章のなかでもキーセンテンスになっているね。とても重要なことを言っている。

例によって1〜4まで、かなりまぎらわしい文章が並んでいるから、消去法でじっくり考えてみよう。

3は、自然は「個性の秘密について教えてはくれない」という箇所が、ちょっとおかしいね。ここでは、自然は「自然そのものについて」、あるいは「自然とは何かという秘密」を、教えてはくれない……ってことを言っているんじゃないかな。

4も、同じ理由でおかしい。いずれにしても、自然が「人間について何かを語る」ということは、ないでしょう。

1は、まちがいとは言いきれない。しかし、自然を「美しい」と感じるかどうかは自然と向き合う人間次第であり、自然が「美」について客観的に何かを教えてくれることはないよね。

2は、本文の内容と矛盾するところがないから、これが正解でしょう。自然は、われわれ人間が主体性を持って向き合い、なおかつ、信頼や愛情を持って接しなければ、われわれに何も語りかけはしない、ということです。

そして、自然を信じ、愛することを学ぶためには、われわれはまず人間と交際し、人間を信頼することからはじめなければならない。画家であれば、信頼する先人たちの遺産を模写することが出発点になる、と著者は言っているんだね。

ここまではどう？　なかなか奥深いことを言っているけれど、シゲル君もなんとなく、わかったかな？

設問チは、著者がどのような気持ちで「怪物」という言葉を使っているか、それが推測できれば、難しくないでしょう。

もちろん著者は、「怪物」という言葉を否定的に使っているね。「怪物」の出現なんて、だれも待ち望んじゃいない、という気持ちを込めて。だから、1と2は論外だ。

4は「大画家はモデルを描くことからは生まれない」という部分が、明らかにおかしい。画家にとって、モデルは必要不可欠でしょう。模写する名画だって、画家にとっては一つのモデルですから。

ということで、答えは3。たぶんシゲル君も、できたよね？

最後に、設問ホに戻ろう。

ここまでくれば、この文章で著者が読み手に伝えたいことは、わかっただろう？　それは、最後の文「模写する画家は、他人への信頼と無私な行動（ここではもちろん、模写すること）とが、一番よく自分の個性を育てる事を知っている」に、集約されているね。

この点をふまえて、考えてみよう。

まず、後のほうの空白から考えてみると、名画というモデル、名画という思想が、画家に何を教えるのか？　それが答えってことになる。

3の「自然」と4の「人間」は、ちょっとおかしいな。名画が画家に教えてくれるのは、画を描くうえでの姿勢、スタイルといったものだろう。そういう意味では、1の「個性」と、2の「理想」は、どちらも当てはまる。では、この二つを前のほうの空白に当てはめてみると、「自分の個性的な形を追う」と「自分の理想的な形を追う」。明らかに後者のほうが、日本語としてすっきりしているね。

もう一つ、名画が最初に教えてくれるものは、やはり一人ひとりの画家がそれぞれに追い求めるべき「理想」でしょう。「個性」というのは「理想」を追うなかで、自然に確立されていくものじゃないかな。

よって、正解は2だと思うよ（おそるおそる解答を見たら、当たってました。やれやれ、ようやく穴埋め問題で正解できた。ふうーっ……）。

さて、先ほどもふれましたが、著者がわれわれに伝えたかったであろう、もう一つの大切なポイントは、「自然は、こちらに口を割らせる術《すべ》がなければ、何事も語りはしない」でしょう。

この文章を読んで、ぼくはある科学者のエピソードを思い出しました――それは、スコットランドの細菌学者・フレミングが、1929年に世界初の抗生物質「ペニシリン」を発見したときの逸話です。

シゲル君は生物学科志望だから、フレミングは知っているね？

細菌に対する特効薬がなく、肺炎や敗血症などの感染症で多くの人々が命を落としていた当時、世界中の科学者が細菌を殺す薬、すなわち抗生物質を発見しようと日々研究に励んでいた。もちろんフレミングも、そのなかの一人だった。

フレミングという人は研究熱心だったけれど、ちょっぴりルーズなところもあったのかもしれない。あるとき、細菌を培養していたシャーレをきちんと管理しないで、カビを生やしてしまったんだ。

フレミングは、青カビが生えたシャーレの中をのぞき込んだ。

――すると、なんということだろう。青カビが生えているその部分だけ、細菌が繁殖していないではないか！

けっきょくフレミングは、青カビの成分であるペニシリンに殺菌作用があることをつきとめ、学会で発表した。

その後、ペニシリンは抗生物質として開発され、いまでもたくさんの患者の命を救っているね。

さて、世紀の大発見を成し遂げたフレミングは一躍、世界中から脚光を浴び、時の人となった。すると、フレミングの成功に対するねたみから、多くの科学者が彼にいちゃもんをつけた。

いわく、「彼の発見は、たんなる偶然さ」、「ズボラだから、カビを生やしただけじゃないか」等々。

そんな科学者たちのねたみに対して、フレミングが返した言葉がすばらしい！

「だけど、青カビはぼくに、『発見してください』とは言わなかったよ」

想像するに、シャーレにカビを生やした経験のある科学者は、フレミング以外にもたくさんいたんじゃないかな。

けれど、その他大勢の科学者は、「あーあ、せっかくの実験試料にカビが生えちまった」とため息をつき、シャーレの中をろくに見もせず、そのままゴミ箱に捨ててしまったにちがいない。よもやカビに細菌を殺す力があるなんて、思いもよらなかっただろうから。

フレミングがペニシリンを発見できた理由は、自然に対する探求心が人一倍、強かったことと、世間一般の常識に惑わされることなく、真摯に自然と向き合う姿勢があったからでしょう。

フレミングは、自然を信じ、自然を愛した科学者だったんだね。

話がとんだけど、きょうはこのくらいにしておきましょう。来週は、やぼ用の予定はないから、またいっしょに問題を解こう！

シゲル君ちの、きょうの晩ご飯のメニューは？

ぼくは、そうだな……。

たっぷり青カビの生えたブルーチーズにワインなんて、いいねえ。この場合、ワインはやっぱり渋めの赤がよろしい。

チーズにワインだけじゃ栄養のバランスが悪いから、温野菜添えローストビーフにキノコのサラダ。そうそう、オリーブカクテルも忘れちゃならない……。

ということで、これから晩飯の買い出しに行くので、また来週。

急がなきゃ！　デパ地下が閉まっちゃう。

第5の夕べ

おじさん、ヘソを曲げる

9. 連ドラは「線」か？「面」か？

「やあ、シゲル君。ひさしぶり」

翌週の土曜日、ふたたびおじさんが、シゲルの家にやってきた。

「ひさしぶり……と言っても、たった2週間だけどね」

シゲルが笑いながら答えた。

「そうだっけ？　なんか、ずいぶん会ってないような気がするけど」

「おじさん、ボケてない？」

「まさか……。先週の問題は、『石のあたたかさ』と『模写する画家』だったよね。ほら、ちゃんと覚えているだろう？」

「よく覚えてるねぇ。問題のタイトルまで」

「ハハハッ。解答者より出題者のほうが、覚えているものさ。で、どうだった？」

「うん、まあ……。あいかわらずムズカシかったけど」

「なにか質問は?」

「おじさんの解説で、だいたいわかったよ。あっ、そうそう。フレミングの話、けっこうおもしろかった」

「そりゃあよかった……。ところでシゲル君、もうすぐ10月も終わるけど、順調にいっている?」

「まあね。でも、こないだ予備校で、スッゲー頭にくることがあってさ」

「なんだい?」

「冬期講習のなかに、『生物・特別強化講座』っていうのがあるんだけど、受講希望を出したら、定員オーバーでことわられたんだよ」

「定員オーバー?」

「そう。『特別』ってあるように、その講座は1クラスしかなくて、だれでも受けられるわけじゃないんだ。成績がいい順に定員枠が埋まっていくから、ぼくなんかしょせん、お呼びじゃなかったのさ」

「そりゃ、残念だったね」

「生物の成績だけなら自信あるけど、そういうのって総合成績で決められるじゃん。東大や医学部を目指している連中に、かないっこないよ」

「なるほど……」

「いつだってそうさ。予備校は、なんでもオールラウンドにできる生徒ばっか、大切にするんだ」

「まあまあ、シゲル君。気持ちはわかるけど、文句ばかり言っててもはじまらないぞ」

「予備校だって東大や医学部に一人でも多く合格させて、自分らの成績を上げたいからね。先生たちも優秀な生徒ばかり相手にしてるから、ぼくたち並の生徒はまともに扱われないんだ」

「人のせいにしてもはじまらない。そんな大人たちはほっといて、シゲル君の得意なことをコツコツやっていけばいいじゃないか」

「でも、かなり頭にきた」

「その悔しさを、バネにするんだ」

「バネに?」

「そう。悔しいと思うんだったら、がんばるしかないだろう?」

「だけど、エリートのやつらには、絶対かなわないよ」

「シゲル君もそのうちわかると思うけどね、なんでもそつなくこなす人間っていうのは、おもしろ味に欠けるものさ。不器用でも、自分のやりたいことを一途にやっている人のほうが、よほど魅力的だよ」

「そうかい?」

「いつかフレミングみたいな大発見をして、エリートのやつらを見返してやるんだ」

「うん……そうだよね」

「まっ、そういうことでね。得意なことは一つあれば十分だけど、将来どんなことをやるにしても……」

「読解力だけは、磨いておかないとね」

「わかってるじゃないか、シゲル君」

「耳にタコができるほど聞かされたよ、おじさん」

「それじゃあ、いってみようか。はい、きょうの問題!」

次の文章を読み、後の設問に答えよ。

線と面では次元が違うから、対話にならない。フランス人が日本映画を見て、線的にとらえようとしても、　〔イ〕　であろう。線にとって面はつかみどころがない。面にとって線は理屈っぽい。だが私たちはまた、異質なものにひかれる好奇心をもっている。

もともとヨーロッパのドラマツルギー（作劇法・演劇論などの意）は、アリストテレスの原点から、線の論理によってはじまった。いっさいのむだをはぶいた行為の、論理的統一。すべてのシーンは、この論理から設定され、導入部、展開部、クライマックスと、緊張した線の展開を表現する。近代劇の出発であるイプセンにおいても、アリストテレスの精神はみごとに生かされ、建築的計算の上に立って強固なリアリズムがつくり出された。

反対に、日本の古典ドラマを裏づける諸説――世阿弥の能楽論、近松門左衛門の戯曲論『難波《なにわ》みやげ』を読むと、「流れ」や「察し」〔ハ〕が、ドラマの本質として主張されている。たとえば世阿弥は、能の表現、内容のはこびに〈序破急〉の論理を与えた。□ニ、〈序破急〉は、アリストテレスのような構成の問題、人間的行為の組み立て方ではなく、心の内部にあるテンポ（流れ）の問題であり、呼吸のとり方である。また近松は、ドラマを虚と実のあいだにあるものと考え、セリフはコトバの裏にあるものを読みとるべきだ、と語っている。要するに、すべてが情念の世界であり、情念の流れが追究される。それは見えない世界であり、つねに変化をくりかえす面の論理に立脚している。

設問

イ　右の文章中のイに、ことわざを入れるとしたら、次にあげた1～4のうちのどれが最も適当か。一つを選び、1・2などの数字を用いて答えよ。

1　くらやみから牛　2　猫《ねこ》に小判　3　のれんに腕押し　4　馬耳東風

ロ　次にあげた1～5のうち、世阿弥の能楽論はどれか。一つを選び、1・2などの数字を用いて答えよ。

1　ささめごと　2　井蛙《せいあ》抄　3　十訓抄　4　風姿花伝　5　無名抄

八　傍線八の「察し」とは、どういうことか。次にあげた1〜4の説明のうち、最も適当と思うもの一つを選び、1・2などの数字を用いて答えよ。

1　現実の事象から察知できる虚構をドラマの中で演ずること。
2　観客がセリフには現われない登場人物の気持ちを了解して鑑賞すること。
3　役者が劇中の人物の気持ちを独自に解釈して演技すること。
4　作者が役者や観客の解釈の余地を残しつつ作劇すること。

ニ　右の文章中のニにはいる語句は何か。次にあげた1〜4のうち、最も適当と思うもの一つを選び、1・2などの数字を用いて答えよ。

1　さらに　2　そして　3　だが　4　つぎに

《あなたの答》　**ホ**—□　**ヘ**—□　**ト**—□　**チ**—□

10分後。

「どうだった？」

「なんか、ムズカシイ言葉が並んでいたなあ……」

「たしかにね。でも、細かい箇所はさておき、言いたいことは明確だろう？　日本とヨーロッパのドラマを、線と面でたとえているけれど、どっちがどっち？」

「ヨーロッパが線で、日本が面」

「オーケー。まず設問イだけど、ここにはどんな意味合いの言葉が入る？」

「うーん……。『理解しにくい』って感じ？」

「そうだね。次の文にもあるように、フランス人が日本映画をみても、『つかみどころがない』ってことだね。では、1から4のなかで、どれが『つかみどころがない』という意味かな？」

「2と4は、ぜんぜん意味がちがうと思うよ。だけど1と3は、はじめて聞くことわざだなぁ……」

「じゃ、想像してごらん。1と3では、どっちが『つかみどころがない』感じか」

「くらやみから牛が出てきたら……そりゃ、驚くよな」

「『びっくりしたな、モウ』って」

「うへっ！　おっさんぽいなぁー、そのギャグ」

「おっと失礼……。でもこれは、正確には『くらやみから牛をひき出す』ということわざで、物事がのろのろして遅いっていう意味なんだよ」

「へえー。でもどっちにしろ、つかみどころがない感じじゃないよね」

「もう一つは？」

「のれんに腕を押したら……『おっとっと』って、向こう側につんのめっていく感じ。やっぱりこっちかな」

「正解。『のれんに腕押し』というのは、気合いを入れてやっても、手ごたえがないことのたとえだ」

「なるほどね。当たってよかった」

「次の設問ロは、どれなの？　シゲル君」

「これは4の『風姿花伝』だよ。世阿弥の代表作として、日本史でも習った」

「ふーん、そうなんだ」

「えっ？　もしかして……知らなかった？」

「文学史って、あんまり興味ないんだ」

「おじさん、本を書いてるんだろ？　そのくらい常識として知っといたほうがいいんじゃない？」

「調べればわかることは、覚えておく必要はないさ。受験生は別だけどね」

「おじさん、開き直ってない？」

「いいの。ぼくの受験は、とっくの昔に終わってるんだから」

「はい、そうですか……。次のハは？」

「これは重要な設問だね。シゲル君はどれを選んだ？」

「2か4か、ずいぶん迷ったよ」

「ちょっと、まぎらわしいね。2も4も、『察し』について書いてあると思うけど。ちがいは何？」

「えーと……。2は、観客が察しながら観賞することを言っていて、4は、作者が察しを考えて制作することを言っている」

「そうだね。で、シゲル君はどっちを選ぶ？」

「うーん。やっぱり2かな」

「おじさんも賛成だ。最後から4〜3行目に、『セリフはコトバの裏にあるものを読み取るべきだ』という文があるけれど、読み取るのはやっぱり、観客だからね」

「そうだよね」

「でも、4もまちがいじゃないな。だって、作者が『察し』の余地を残さない劇を作ってしまったら、観客は『察する』ことができないもんね」

「おじさん、早く次にいこうよ。ニは?」

「きょうはずいぶん積極的だね、シゲル君。設問ニの空白には文脈上、逆説の接続詞が入るだろう。『論理は論理でも、ヨーロッパの線の論理とはひと味ちがいますよ』っていうことだ」

「じゃ、答えは3?」

「そう」

「やったー!　ひさびさに全問正解」

「おじさんは文学史の問題ができなかったから、はじめてシゲル君に負けちゃったね」

「でも正直いって、本文中でわからないところも、けっこうあったんだよ」

「いいんだよ、シゲル君。ぜんぶわからなくても、ポイントさえ押さえれば」

「著者の心が少し、理解できた感じ」

「そう、それが大切さ」

「ちょっと疑問は残るけど……」

「まあ、けっこう難しい言葉も出てきたからね……。ところで、ぼくもたくさん映画をみてきたけれど、心に残っているのはセリフじゃなくて、やっぱり登場人物の表情やしぐさなんだなあー。はっきり言葉に出さないからこそ、その心情がより察せられ、強く印象に残るんだろうね」

「たとえば？」

「『パピヨン』という映画。脱獄をくり返した二人の囚人が、最終的に四方とも断崖絶壁に囲まれた孤島に流されるんだけど、囚人の一人パピヨンは、ひたすら脱獄の可能性を探りつづけ、もう一人の囚人ドガは、流刑地で余生を送ろうと覚悟を決める」

「へえー、おもしろそうだね」

「そしてある日、パピヨンは自由を求め、断崖から海へ飛び降りるんだ」

「それで、脱獄に成功するの？」

「一人残されたドガは、相棒がヤシの実で作ったイカダに乗って大海原へこぎ出す様子を、断崖の上からじっと見ている。そして、ついにパピヨンが脱出に成功したのを見届けると、くるりときびすを返し、島の中心へ向かって歩きだす……。その背中が、なんとも言えず、切なくてねえ」

「ふーん……背中が、か」

「『フィールド・オブ・ドリームズ』もよかったよ。ラスト近くで主人公のレイは、ずっと昔に亡くなったはずの父と、キャッチボールをする」

「幽霊と、かい？」

「そう。けんか別れしたまま死んじゃったから、レイは父親のことが、ずっと心にひっかかっていたんだ」

「仲直りのキャッチボールってわけね」

「もちろん、そのシーンも印象的だけど、もっと心にしみいったのは、キャッチボールをする二人をポーチからそっと見つめる、レイの奥さん、アニーの表情だなあ……」

「ふーん。アニーにも、お父さんの姿が見えたんだ」

「そうだよ。あたたかい眼差しで二人の姿を見守っていたアニーは、やがてにっこりほほ笑み、家の中に消えてゆく」

「なんか、いい感じだね」

「二つのシーンとも、まさに『察し』の世界だね」

「でもさあ、おじさん」

「なに？」

「それって二つとも、洋画だろう？　問題文の趣旨と逆じゃない？」

「はあ……言われてみれば、たしかに。洋画にも察しの世界、すなわち『面の理論』があるってことだね」

「そう、そこんとこだよ。ぼくがさっきからずっと、疑問に思っていたのは」

「どんな疑問？」

「日本ドラマの本質が『察し』って言われても、ぜんぜんピンとこないんだ。だってさ、きのうもドラマをみようとしたら、いきなり画面いっぱいに『思い切り流してください。あなたの心からの涙を』なんてスーパーが出てきてさ。みる前にシラケちゃったよ」

「そうだね……。シゲル君の言うとおり、『洋画は線で、邦画は面』という図式は、現代ではもう、成り立たないのかもしれない」

「むしろ、逆になってるんじゃない？　おじさん」

「たしかにいまの日本ドラマは、『察する』余地が残されていないものが多い気がするな。1から10までドラマの中で説明しちゃうから、視聴者は自由にイマジネーションを働かすことができない」

「『さあ、泣いてください』とか、『ほら、笑えるでしょ』みたいな……。なんか押しつけがましいんだよな」

「視聴者が全員、同じ感じ方をしなくたっていいのにね。そういえば最近、本のタイトルもダイレクトだねえ。あれじゃ読む前に、内容が全部わかっちゃう」

「こないだ本屋で見かけた参考書は、帯に『あなたの得点力、10％アップをお約束！』なんて書いてあった。ウソつけって感じ」

「まったく、情緒がないねえ……」

「はーい！　がんばってる？」

二人が顔をつき合わせ、問題を解いているリビングのテーブルに、いきなりシゲルの母が現れた。なぜか、にこにこと上機嫌である。

「シゲちゃん……あっ、まちがえた。ケイちゃん、よろしくお願いね」

二人が何も答えないうちに、母はそそくさと去っていった。

「ずいぶん機嫌よさそうだったね、お母さん」

おじさんは、小首をかしげながらシゲルの母を見送った。

「そうね」

シゲルは、興味なさそうに答えた。

「もしかして……模擬試験の成績、上がった？」

「ありえない」

「じゃあ、なんで？」

「晩ごはんの支度が一段落ついたから、DVDでもみにいったんじゃない？」

「DVD？」

「ここんとこずっと、お母さんは韓国ドラマにはまってるんだよ。ヒマさえあれば、部屋にこもってドラマ観賞会さ」

「へえー、そんなにいいの？」

「らしいよ」

「もしかしたら韓国ドラマには、日本ドラマが失った『察し』の世界が、まだ残っているのかもしれないね」

おじさんの発言に、シゲルは大きく首を振った。

「ノー、ノー！　ちがうって、おじさん。お母さんが韓国ドラマに夢中なのは、もっと単純な理由だよ」

「単純？」

「日本の男優より韓国の男優のほうが、だんぜん男らしくて、カッコいいんだってさ」

「ふーん、そうなんだ……」

「お母さん、ドラマの中の彼氏に恋しちゃってるんだよね。妙に浮き浮きしていて、足が地についてなかっただろう？」

「言われてみれば、たしかにね」

ようやく納得し、「ふむ、ふむ」とうなずくおじさんに、シゲルがあきれ顔で言った。

「そのくらい察しなよ。女心がわかってないね、おじさんは」

「そりゃどうも、失礼いたしました」

10. 経験って、孤独なものなの？

「はい、次いこう」

「おっ、次の問題も短いじゃん」

シゲル、おじさんから渡された問題文のコピーを見て、にんまりする。

「そうね。たまたまだけど、きょうは2題とも短いね」

おじさん、涼しい顔で答える。

「いいねー。おれ、長い問題文って大キライ」

「おじさんだって嫌いさ。スピーチと説教と文章は、短いほうがいいに決まってる」

「そういうのって、カンタンなほうがよろこばれるもんね」

「おっと、短くても簡単とは限らないぞ」

「あっ、そう……」

クギを刺されがっかりするシゲルに、おじさん語りはじめる。

「次の問題は、文章は短いけれど内容はかなり濃いから、心して読まないとちゃんと理解できないぞ。いいかい、シゲル君。問題の難しさっていうのは、文章の長さとはぜんぜん関係ないんだよ。長かろうが短かろうが、新しい文章を読むときは、いつだって格闘だ。そもそも格闘というのは……」

「おじさん」

シゲル、おじさんの話をさえぎる。

「ん？」

「前置きも、短いほうがいいと思うよ」

「……そうだな」

「とにかく、やってみるよ」

［'72年度・理科2］

次の文章を読み、後の設問に答えよ。

経験というものは、体験ということとは全然ちがう、――その根本のところは、経験というものが、感想のようなものが集積して、ある何だか漠然とした、わかったような感じが出て来るというようなことではなく、ある根本的な発見があって、それに伴って、ものを見る目そのものが変化し、また見たものの意味が全く新しくなり、全体のペルスペクティーヴが明晰《せき》になってくることなのだ、と思う。したがってそれは、経験が深まるにつれて、あるいは進展するにつれて、[a]、ということをもちろん意味している。その場合、大切なことが二つあって、一つは、この発見、あるいは見ることの深化更新が、あくまで内発的なものであって、自分というものを外から強制する性質のものではなく、むしろ逆にそこから自分というものが把握《は》され、あるいは定義される、ということ、と同時に、それはあくまで自分でありながら、経験そのものは、自分を含めたものの本当の姿に一歩近づくということ、更に換言すれば、言葉の深い意味で客観的になることであると思う。文学者や芸術家の創作活動というものは、こういう意味の経験の極致である、と思うし、それはある動かすことのできない構造をもった認識であると言える。認識である、というのは、自分とものとの関連にほかならない経験の定着に、それ[ト]はほかならないからである。しかし、それは経験とは、何か文芸的創造の素材のようなものだという意味では全然ない。むしろ創造は、経験そのものの、それに対する人間の責任の証印を帯びた端的な姿の一つにほかならないのである。また、これは、本当の経験というものが文芸にたずさわる人の専売であるという意味ではもとよりない。経験をもつということは、人間が人間であるための基本的条件であり、一つの経験はひとりの人間だ、ということである。したがって、一つ一つの経験は互いに置き換えることのできない個性をもつとともに、人間社会におけるそれであるがゆえに、それが［　b　］に（この言葉は誤解を招きやすいが）純化されるに従って、相互に通い合う普遍性をもってくるのである。

〔注〕ペルスペクティーヴ——展望。見通し。

設問

ホ　右の文章中のａにはいる適当な語句は何か。次にあげた1〜4のうち、一つを選び、1・2などの数字を用いて答えよ。

1　その人の行為への決断をうながす　2　体験自体が深化されてくる
3　その人の行動そのものの枢軸が変化する　4　事がらの意味が明確になる

ヘ　右の文章中のｂにはいる適当な語は何か。次にあげた1〜4のうち、一つを選び、1・2などの数字を用いて答えよ。

1　客観的　2　主観的　3　独創的　4　一般的

ト　傍線トの「それ」は何をさすか。次にあげた1〜4のうち、最も適当と思うもの一つを選び、1・2などの数字を用いて答えよ。

1　経験　2　ある動かすことのできない構造をもった認識
3　自分とものとの関連　4　文学者や芸術家の創作活動

チ　右の文章にいう「経験」の意味と最も離れているものを、次にあげた1〜5のうちから一つ選び、1・2などの数字を用いて答えよ。

1　経験とは、ものと自己との関連——その間に起こる障害意識と抵抗——の歴史である。

2　経験は、どのような人においても、機械的に増大してくるものである。

3　経験は、その本質上、孤独な個人をつくり出す。

4　経験とは、自己の中に、意識的にではなく、見える、あるいは見えないものを機縁として、何かがすでに生まれてきていて、自分と分かちがたく成長し、意識的にはあとからそれに気がつくようなことである。

5　経験とは、体験的に成立してくるものに反抗し、したがって最も深い意味で自分自身に反抗し、促しに従って自己を求めていく時に堆《たい》積してくるものである。

《あなたの答》　ホ—□　ヘ—□　ト—□　チ—□

15分後、シゲルとおじさん、同時に顔を上げる。

「どうだった？　シゲル君」

「おじさんの言うとおりだ。最初から最後まで、ムチャクチャ濃かったよ、この文章。一行一行、読み進めるのが大変だった」

「いいじゃない。それこそ格闘だ」

「『経験』についてなんて、いままで考えたこともなかったよ。ふだん何気なく使ってる言葉が、こんなに奥が深いとはねえ……」

「経験の大切さがわかったかい？」

「わかったような、わからないような」

「この文章は、はじめに『経験』の定義があって、引き続き、その定義を掘り下げて説明していく構成になっているね。『経験』とはどんなものだと、著者は言っている？」

「えーと……。『ある根本的な発見があって、それに伴って、ものを見る目そのものが変化し、また見たものの意味が全く新しくなり、全体のペルスペクティーヴ（展望）が明断になってくること』かな？」

「そう、そのセンテンスだ。ある日、いままで気にもかけなかった事実に突然、気がついて、その日を境に、ものの見方や考え方が変わってしまう……。そういう種類の体験を、著者は『経験』と定義しているんだ」

「人生観が変わっちゃうみたいな？」

「ちょっと大げさだけど、そういうことだね。シゲル君もこれまでに、そんな体験をしたことがあるだろう？」

「うーん……。なかなか思い浮かばないな」

「たとえば……そうだな。大学入試の不合格通知をもらったとき、シゲル君はどんな気分だった？」

「がーん！　と後頭部に一発くらった感じ」

「おじさんも、そうだった」

「だってさあ、次の受験まで、まるまる1年待たなきゃならないんだから……。あまりのショックで、目の前が真っ暗になったよ。いくらあがいても、どうにもしようがないって感じ」

「シゲル君の年齢では、1年っていう期間は、とてつもなく長く感じられたはずだ。

自分の力ではどうにも対処できない現実を、有無を言わせず突きつけられたこと……。それこそが『経験』なんだよ」

「言われてみれば、浪人する前と後では、ちょっぴり人生観が変わった気がするな」

「前にも言ったけど、浪人っていうのはとても貴重な経験さ。きっといつか、浪人してよかったと思える日が来るよ」

「……だといいけどね」

「そのような経験の定義をふまえて考えれば、設問ホの答えは自然に出てくるね」

「3かな？　ものの見方や考え方が変われば、当然、行動の基準も変わるもんね」

「正解！」

「ふうっ。なんとか一つできて、よかった」

「おいおい、そんな気弱なことを言うなよ……。さて、次の設問を考える前に、本文の内容を確認しておこう。経験を定義するにあたって大切なことが二つある、と著者は言っているけれど、その二つってなんだろう？」

「ああ……7行目から始まる『その場合、大切なことが二つあって……』ってとこね。まいったよ、この文。だってさあー、一つの文が延々7行も続くんだもんな！」

「まあそう言わずに。はい、大切なことの一つ目は？」

「一つ目は……『この発見が、あくまで内発的なものであって、自分というものを外から強制する性質のものではなく、むしろ逆にそこから自分というものが把握され、あるいは定義されるということ』」

「そのとおりだけど、ちゃんと意味わかってる？」

「つまり、経験っていうのは、人に言われて『はいはい、わかりましたよ』っていう感じじゃなくて、自分で何かを発見して、『おお、そうか！』って感動すること……かな」

「おおっ、わかってるじゃないか、シゲル君！　勉強も、親や先生に言われてやっているうちはダメだけど、本人が『やらなくちゃ』って自覚して主体性をもってやれば、かならず新しい発見があるし、身にもつくよね」

「うちの両親にも言ってやってくれよ、おじさん。まったく、『勉強しろ』って言われるたびに、やる気が失せるよな」

「いいじゃないか。二人とも、シゲル君のことを心配しているんだから。外野《がいや》の声なんか気にせず、シゲル君ががんばればいいのさ」

「まあね」

「大切なことの二つ目は?」

「さっきもヘンだと思ったけどさ、この文、おかしいよ。だって『二つ目』は、どこにも出てこないじゃない」

「たしかに。でも、ほらっ、よく見てごらん。この長ーい文の真ん中へんに『と同時に』ってあるだろう? 著者は『二つ目は』を、『と同時に』と言いかえたんだよ」

「勝手にそんなことしていいの? そんなの反則じゃないか! 読者を混乱させて、何がおもしろいんだよ」

「まあまあ、おさえて、シゲル君。とにかく、二つ目は?」

「ったく、しょうがねえなあ……。『あくまで自分でありながら、経験そのものは、自分を含めたものの本当の姿に一歩近づくということ』だろ?」

「意味わかる?」

「いや。正直いって、これはよくわかんない」

「うん、ここはちょっと難しいね。『経験する』ってことは、それまでよくわからなかったものの姿が、急にはっきり見えるようになることだ。そういうのを、目から何が落ちるって言う?」

「そのくらい知ってるよ、おじさん。『目からうろこが落ちる』だろう?」

「そうだ。目からうろこが落ちるっていうことは、それまで目にかぶさっていたフィルターが、一つ外れるってことだ」

「フィルターが外れる?」

「本当のことを知らないと、ぼくたちはとかく自分の都合のいいように解釈したり、偏った見方をしてしまうものだ。つまり、独りよがりだね」

「うん」

「でも、ある経験によって本当のことを知り、偏見や思い込みのフィルターが外れれば、世の中の真理に一歩近づき、その結果として、ものごとを客観的に見られるようになるってことだ」

「つまり、経験を積めば積むほど、客観的になるっていうこと?」

「そう。経験というのは真実を知ることであり、真実を知れば知るほど、人は客観的になれるからね」

「なるほど」

「人間っていうのはね、自分が経験していないことは認めたがらない生き物なのさ。だから浪人も、一つの貴重な経験なんだよ。浪人していない人に、浪人生の気持ちがわかりっこないだろう?」

「ぼくは来年、浪人生活からオサラバするんだから、あんまり『浪人のすすめ』をしないでくれよ、おじさん」

「おっと、失礼……。じゃ、そろそろ設問に戻ろうか。へは後回しにして、設問トを考えてみよう」

「これは、かなりややこしかったけど、落ちついて前の文をたどっていったらわかったよ、たぶん」

「そうか」

「傍線トの『それ』と、2行前に出てくる『それ』は、同じものを指しているよね?」

「イエス」

「だとすると、この二つの『それ』がさすのは、さらに1行前にある『文学者や芸術家の創作活動』だね。答えは4」

「正解。難しいと言いながらも、しぶとく2問正解したじゃないか、シゲル君」

「でも残り二つは、まったく自信なし」

「設問へは、どれを選んだ?」

「4……だけど」

「この文の最後で著者は、『経験は普遍性をもつ』と言っているのだから、『主観的』とか『独創的』は、当てはまらないね。だから答えは、1か4のどちらかだ」

「さっき、経験と客観性の話が出てきたから、やっぱりここは1の『客観的』かなあ」

「うん。『一般的』でも悪くはないけれど、文章全体の流れからいって、『客観的』のほうがふさわしいだろうね。12行目に『(経験とは)言葉の深い意味で客観的になること』という文もあるし」

「そうだね」

「では、最後にこの文章のまとめとして、設問チをやってみよう。シゲル君は、どれを選んだ?」

「これも迷ったなあ……。やたらムズカシイ文が並んでるけれど、要するに問題文の趣旨に合わないものを選べばいいんだろう? とすると……やっぱ2と3は、なんかヘンだよな」

「おじさんも、そう思った。では、どっちがよりヘンかな?」

「ぼくは、3を選んだ。だって、『孤独』の話なんて、どこにも出てこなかったから」

「うーん……」

「やっぱ、まちがえた?」

「まず、2から考えてみようか。さっきシゲル君が言ってくれたように、経験っていうのは、自分で何かを発見して、『おお、そうか!』って感動することだね」

「うん」

「とすると、2の『経験は、どのような人においても、機械的に増大する』っていうのは、やっぱり問題文の趣旨に反するね。どんなことに対しても主体性をもってのぞめない人は、まともな経験はできないんだ」

「それはわかるけどさ……。でも、3はおかしくないのかい?」

「たしかに『孤独』という言葉は、本文中に出てこない。だけどよく読むと、8〜9行目に『この発見が、あくまで内発的なものであって』、さらに最後から4行目に『一つの経験はひとりの人間だ』という表現があるね?」

「うん」

「新しい発見、すなわち『経験』する瞬間は、だれしも自分自身に立ち返り、孤独にならざるをえないんじゃないかな」

「どうして?」

「新しい発見を認めるってことは、きのうまでの常識をくつがえすことでもある。ある意味、それまで自分が頼ってきた考え方や生き方を否定することになるから、当然そこに、心の葛藤が生じる。それって、かなり孤独な作業だよね」

「ふーむ……」

「そして、古い常識との格闘の末に新しい発見を認め、身につけることができれば、多かれ少なかれ、きのうまでの自分とは、ちがう人間になっているはずだ。それが、経験ってことだろう」

「でもおじさん、経験を積んだ人って、ものごとを客観的に見れるんだろう? なんか、孤独とはちがう気がするけど……」

「新しい発見を自分のものにする過程は孤独だけれども、その経験が積もり積もって、徐々に客観的になっていくんだよ」

「そうか……。最初からものごとを客観的に見れる人間なんて、いないってことだね」

「そのとおりさ。まずは主体的にものごとに当たって新しい発見をし、さらに自己との格闘を経なければ、真の意味で経験したとは言えないし、客観性も身につかないんだ」

「ふーん。なかなか大変ですなあ」

「納得したかい?」

「ああ、よくわかったよ。ところでおじさんは、自分の経験に根ざして本を書いているのかい?」

「もちろん。経験がなかったら、何も書けないよ。でも、この著者が言っているように、本を書くこと自体が、自分にとってものすごく大きな経験だね。どんな仕事にしたって、同じことだと思うけど」

「ふーん……。ぼくもいつか、おじさんの本を読んでみようかな」

「えっ?　もしかしてシゲル君……ぼくの本を読んだこと、ない?」

「……うん」

「一冊も？」

「……一冊も」

シゲルの答えに、おじさん口をとがらせ、おし黙ってしまう。

本の話なんかするんじゃなかったと、後悔するシゲル。

「入試が終わったら、おじさんの本、読んでみるからさ」

「そうかい……」

「さあ、おじさん、晩ご飯だよ」

「わかってるよ」

シゲル、しきりに話しかけるも、おじさんの機嫌は、なかなかなおらない。

シゲル、ため息をつき、心の中でそっとつぶやく。

――やれやれ、この程度でヘソを曲げてしまうとは……。おじさんもまだまだ人生経験が足りないようだね。

最後の夕べ

おじさん、風邪をひく

11. カメレオンは、どんな眼を持っている？

「いやー、きょうは北風が冷たいねえー」

シゲルが玄関の扉を開けるなり、ジャケットのえりを立てたおじさんが、身をちぢこませてとび込んできた。11月初めの、風の強い土曜日だった。

おじさんの姿をチラッと見て、シゲルは言った。

「そのジャケット、9月の終わりに着てたのと同じじゃん。どう見ても、夏物だよね。それじゃあ、寒くて当たり前だよ」

「そういえば、そうだった。そろそろ衣替えをしなくちゃね……。へえーくしょん！おー、さむ、さむ！」

「えっ、まだ衣替えしてないの？　ホントのんびり屋だなあ、おじさんは」

あきれ顔のシゲルに、おじさんがやり返した。

「シゲル君だって、人のこと言えないだろうが」

「ぼくは、勉強に関してはのんびり屋だけど、季節の移り変わりと流行には人一倍、敏感なんだ」

「ほぉー、そうかい」

「きのうさっそく、新しいジャンパーを買ってきたよ。いまはぜいたく言えない身分だから、ユニクロだけど」

「昼間アパートを出たときは、陽ざしが暖かかったけど……。やっぱり赤城下ろしは、冷たいねえ」

「まったく、しょうがねえなあ。帰りは、ぼくの古いジャンパーをはおっていきなよ。風邪ひくからさ」

「シゲル君のお古か……。なんか、あべこべみたいだなぁ」

ぶつぶつ言うおじさんを尻目に、シゲルはキッチンへ向かった。

「はい、おじさん、コーヒーいれたよ」

「おお、ありがとう。いい香りだねえ」

「コーヒーが味わい深い季節になったね、おじさん」

「シゲル君もようやく、コーヒーの味がわかる歳になったか」
「まあね」
「じゃあ来年は、シゲル君も晴れて自由の身となって、もっともっとうまいコーヒーを味わおう」
「そう願いたいね」

［'71年度・理科1］

次の文章を読み、後の設問に答えよ。

　カメレオンという動物は、いる場所によっていつも色を変える。どうにも感じのよくないやつだと思っていた。が、そこだけでカメレオンを考えていたのは小学校以来の固定観念にしばられていたからであって、カメレオンにはまことに申し訳ないことであった。

　カメレオンの左右の眼《め》は独立して動く。その前に立った私を見る彼の片眼はこちらだが、もう一つの眼はそっぽを向いている。侮辱もいいところだと思って見据えてみると、さにあらず。片眼はちゃんとこちらを向いている。彼の眼は左右完全に独立して反対方向にぐるぐる回るのである。私は驚嘆した。カメレオンの眼が左右独立だということは本で知っていた事実であっただけに、その眼の働きを実地にみて驚いたのである。と同時に、ウェーバーの眼はこういう眼なのであったなと思い当たった。ある一点を凝視しながら、同時に、同じ凝視可能な狭角レンズを持って他の一点を広い視野のなかで探索することが可能な眼という形で、彼の方法があらためて理解されてきたのである。これは漠《ばく》然と全体を見る眼と、狭角的に一点を凝視する眼を、それぞれ動きのつかぬ形でしか、意識的に（あるいは方法論的に）持っていなかった私には、開眼であると同時にショックでもあった。というのはこうである。

こういう眼――かりにカメレオンの眼といっておく――は、その単純な形においては、決してウェーバーに独自なものではない。われわれ自身、日常ものを考える場合、常にそうした操作をしている。ビジョンがあって技術があるのだが、そのビジョンそのものは具体的なものの技術的な把握によって可能ともなり、またそれによって動いてくるものである。何を作るかといった場合、われわれは常にこうした操作を瞬間瞬間にくり返しながら具体的な形で目標を設定し遂行する。そうせざるをえないし現にそうしている。それは決して学者に限ったことではない。まともな校正者なら、凝視しながら同時に天井をむく作業をしているはずである。その日常的な操作をウェーバーは、学問の方法論として精密な形に仕上げた。だから彼の方法論は、社会科学の方法論であると同時に、学問を離れて、われわれが日常的にものを考えてゆく場合に、その操作を明確にするものとして役立つはずのものである。いや、日常的な思考の操作を鮮明にしうるものであるからこそ、社会科学の方法においても役立つべきものであった。ということをカメレオンから教《おそ》わらねばならぬとは何ということか。[a]本来、切りうべくもなく連なっているものを強引に、意識して強引に、ある一点で切ってみることで、はじめて全体を精密に認識できるという、かれの方法の理解を、かれの言葉の平板な理解が妨げていた。[b]表象を、漠然たる形で全体を思い浮かべるという、いってみれば怠け者がソファで空想にふけっているみたいな形で考えた上、「理論」と対立させて考えていたということだってそうだ。[c]ある目標を立てて、あるいは目標そのものを設定するという目的のもとに、具体的にものを考えてゆく操作の現場に立ってみれば、漠然とした全体を眼の前において考えるなどということはありえない。むしろ、念頭にあるものは、あまりに具体的であって土俵になかなかはいりきらぬ諸事実であって、それを、どう整理するかということに考える苦労がある。われわれは日常つねにそうしているし、また、そうせざるをえない。[d]瞬時に広角に移りうる狭角のレンズ、瞬時に狭角に移りうるレンズをわ

れわれは自然にもっている。正視が――自然体になぞらえていえば――自然眼なのである。[e]

設問

イ　右の文章中の[a]～[e]のいずれか一箇所に、あとに示す文がはいる。どの箇所にはいるか、次にあげたもの（1～5）のうち、最も適当と思うもの一つを選び、1・2などの数字を用いて答えよ。

われわれの仕事が、他人からみて、いかにくだらないものであるにせよ、それ（その仕事）が、少なくともわれわれ個人にとって重要な関心事である場合には、つねにそうだ。

1　[a]の箇所にはいる。
2　[b]の箇所にはいる。
3　[c]の箇所にはいる。
4　[d]の箇所にはいる。
5　[e]の箇所にはいる。

ロ 「漠然と全体を見る眼と、狭角的に一点を凝視する眼」とあるが、このことばに一番関連の深い語句はどれか。次にあげたもの(1〜5)のうち、最も適当と思うもの一つを選び、1・2などの数字を用いて答えよ。

1 正視と日常的な思考　2 操作と理論　3 ビジョンと技術
4 方法論と目的　5 認識と探索

八 筆者が否定している考えを、次にあげたもの(1〜4)のうちから一つ選び、1・2などの数字を用いて答えよ。

1 日常的な操作を、方法論として明確にすることが必要である。
2 目標と具体的な操作は、それぞれ別に設定され遂行されねばならぬ。
3 広い視野の中で、凝視可能な眼をもつことがたいせつだ。
4 表象を、漠然たる全体として思い浮かべるだけではいけない。

ニ 「かれの言葉の平板な理解」とあるが、「言葉の」の「の」と同じ使い方に当

たるものはどれか。次にあげたもの（1〜4）のうち、最も適当と思うもの一つを選び、1・2などの数字を用いて答えよ。

1　たといどんなことが起ころうとも、決して声を出すの|ではないぞ。

2　家から畑への距離の遠いところでは、農具の|運搬の手が省けるということは少なからぬ労働の軽減を意味するのである。

3　大島と聞くと、私は一層詩を感じて、また踊り子の|美しい髪をながめた。

4　風もなかったのに、私は昨夜柿の実の|落ちる音を聞いた。

《あなたの答》　イ―□　ロ―□　ハ―□　ニ―□

「どうだった？」

ようやく顔を上げたシゲルに、おじさんがきいた。

「のっけからカメレオンが出てきて、こりゃあ、とっつきやすそうだと思ったけど……。なんか、だまされた感じ」

「わかりにくかった？」

「かなり、まわりくどくない？　読めば読むほど混乱してきて、頭が痛くなったよ」

「そうねえ。正直、おじさんもまだるっこいと思ったけどね……。ともあれ大切なのは、『カメレオンの眼』だ。カメレオンは、どんな眼を持っているの？」

「うーんと……あっ、ここだ。『漠然と全体を見る眼と、狭角的に一点を凝視する眼』を、同時に持っている」

「では、全体を見る眼と一点を凝視する眼では、どちらが大切だと著者は言っている？」

「両方じゃない？」

「そうだね。いろいろ書いてあるけれど、そのポイントさえしっかり押さえとけば、いいと思うよ」

「そう?」

「それじゃまず、設問ロからいってみようか。まさに、カメレオンの眼について質問しているね」

「これはさあ……第3段落の最初のほうで、カメレオンの眼について説明しているけど、そこで『ビジョンがあって技術がある』って書いてあるよね。だから、答えは3じゃないかな。ほかの選択肢は抽象的で、ピンとこなかったし」

「うん、正解だ。ちなみにどっちがどっち?」

「『ビジョン』が全体を見る眼で、『技術』が一点を凝視する眼。そのくらいわかってるよ、おじさん」

「そりゃどうも失礼。さて、設問イはぼくが苦手な穴埋め問題だけど、シゲル君はわかった?」

「けっこう骨が折れたけど、がんばって考えたよ。挿入される文『われわれの仕事が、われわれ個人にとって重要な関心事である場合には、つねにそうだ』の『そうだ』の内容を具体的に書いてある箇所の後に、この文は入るべきだよね」

「うん、そういうことだ」

「だとすると、dしかありえないな。cとdの間に、『ある目標を立てて、具体的にものを考えてゆく操作の現場では、諸事情をどう整理するか考える苦労がある』って書いてあるけど、われわれが重要な仕事をするときは、つねにそういう苦労をしているってことだよね」

「すばらしいじゃないか！　シゲル君の言うとおりだよ。ぼくたちが実際に何か仕事を遂行するときは、つねに具体的な問題が生じるから、漠然としたビジョンのまま考えるってことは、ありえないんだね」

「でも、ビジョンを持つことは大切だろう？」

「もちろん全体像が見えていなければ、バランスが悪くなって、仕事が偏ってしまうからね。何をやるときも、全体を見る眼と一点を凝視する眼は、やっぱり両方必要だろう……。次、設問ニにいこうか」

「おれ文法って、苦手なんだよな。所有格だのなんだのって……」

「文法用語なんてどうでもいいさ。文章を読むとき、いちいち格助詞だの副助詞だの考えるやつはいないし、未然形やら連用形やら活用に注意しながら話すやつもいない」

「まあ、そうだけど」

「こういうのは、感覚的にわかればいいんだ」

「1と4はちがう気がするけど……。答えは3かな」

「うんにゃ。正解は2」

「どうして?」

「『かれの言葉の平板な理解』っていう文は、『かれの言葉を平板に理解する』とも言いかえられるだろう?」

「うん」

「つまり『の』を『を』に置きかえられるものを、選択肢の中から探せばいいんじゃないかな」

「えーと……。あっ、2か! 『農具の運搬の手』は、『農具を運搬する手』と言いかえられるね」

「そういうこと。では、まとめに設問ハをやろう。もう、わかるね?」

「2だろう? 目標と具体的な操作、言いかえれば、全体を見る眼と凝視する眼は、同時に持たなければいけないからね。2は、正反対のことを言ってるもん」

「正解。この文章で著者が読者に伝えたかったのは、選択肢の3にあるように『広い視野の中で、凝視可能な眼をもつことがたいせつだ』ということだ。けっきょく、この一点につきるね」

「それにしちゃあ、ちょっと説明がまわりくどくない？」

「このくらい、たいしたことないって。シゲル君も社会に出ればわかるけど、世の中にはくどくどと、まだるっこしい大人がたくさんいるからね」

「そういえば……この問題を読んで思い出したんだけど、夏休みに中学校の同窓会があってさ」

「ほう、出席したの？」

「うん、気分転換にね。そしたらさ、同窓会にカメレオンが来てたんだ」

「えっ？　だれかカメレオンを飼ってるの？　同窓会にまで連れてくるなんて、ずいぶんかわいがっているんだねえ」

「ちがう、ちがう。カメレオンってあだ名の先生だよ」

「ああー、思い出した！　シゲル君の妹のルミちゃんを、いじめた先生だね」

「そう。ルミが試験でちょっと不正をしたからって、わざわざクラスのみんなの前でバラして、彼女をさらし者にしたんだ」

「たしかに不正は悪いけど、だからといって生徒の心の傷を広げるようなことをしちゃあ、いけないいな」

「あのころはカメレオンのこと、大キライだった。ぼくたちにはやたらキビシいくせに、教頭先生や校長先生の顔さえ見れば、おべっかを使っていたから」

「ハハ。状況に応じて態度を変えるから、カメレオンなのか」

「顔色もくるくる変わるんだよ、マジに」

「へえー。その先生、マジに前世はカメレオンだったのかな」

「かもね……。とにかく同窓会の席で、たまたまぼくがカメレオンのとなりに座ることになったんだ。最初は『やだなー』って思ったよ」

「だろうね」

「でもさ、意外なことにカメレオンが開口一番、ぼくにあやまったんだ。『あのときは、妹のルミさんを傷つけるようなことをして、申しわけなかった』って」

「ほおー」

「それに話を聞いたら、生徒たちにキビシかったのは、教務主任の立場上しかたなかったみたいだよ。あのころのぼくには、そんな事情はわからなかったけどね」

「よかったじゃないか、誤解が解けて」

「そうだね。ちゃんと話したら、けっこういい先生だった」

「この問題文と同じで、シゲル君もカメレオン……じゃなくて、先生に対する固定観念にしばられていたのかもね」

「そうかもしれない」

「で、いろんな話をしたのかい？」

「うん。最初の15分くらいね」

「えっ、たったの15分？」

「すぐに席を移っちゃったよ」

「どうして？」

「だってさあ、あいかわらずカメレオンの話、チョーまわりくどいんだもん。ずっと相手してたら、疲れちゃうよ」

「あっ、そう……」

12. 時代が変われば、常識も変わる。

「さあ、ラストスパート！　がんばっていこう」

「わかってるよ、おじさん。いつも2題って決まってるんだから」

「もっとたくさんやりたい？　シゲル君」

「ノー、ノー。2題で十分だよ」

「では……はい、これが最後の問題。集中してやってちょーだい」

「へい、心してやらしていただきやす！」

［'70年度・文科２］

次の文章を読み、後の設問に答えよ。

ａ　人間を発見するために、たとえばジャンヌ・ダルクやナポレオンの物語を読んだとしよう。激動の時代を全人的に生き抜いた、これら英雄たちの波瀾《らん》に満ちた一生は、たしかに人を感動させるものがある。しかし読み終わったときの気持は、ちょうど大作映画を見終わって外に出たときの、あの感激と白々しさとの、複雑な交錯に似てはいないだろうか。

ｂ　暗い映画館のなかや読書のひとときでこそ夢中になったものの、われにかえってみれば、現実は物語の世界とはあまりにも違いすぎる。われわれはどうあがいてみても、もうジャンヌ・ダルクやナポレオンにはなれない。われわれと彼らをとりまく時代、もろもろの環境のすべてが異なっている。過去は過去、今は今。歴史は二度とくり返さない——。

ｃ　それはたしかにそのとおりだ。しかし、われわれと彼らとの相違とは、どのような性質のものなのか。われわれが彼らに夢中になるのは、いまのわれわれにとっては非日常的・非現実的・非常識的、ないしはたんなる願望の夢物語としかみえないものが、そこではさも当然のごとく肯定的に展開されるからである。

d　この新奇性、意外性に対する素朴な好奇心と素直な驚き、じつはここにこそ人間諸学の根本が秘められている。なぜ彼らにできたことがわれわれにはできないのか。なぜわれわれにできることが彼らにはできないのか、なぜ二十世紀の現代高度産業社会では、彼らのような英雄が出にくいのか。なぜ封建社会はキリスト教と領主の時代となったのか。

e　疑問は際限なく広がってゆく。この過去社会をくみ立てている論理は、もちろんわれわれの常識ではすぐに理解することができない。しかしこれを、政治・経済・法・社会・社会心理その他あらゆる局面から、なんとか矛盾なく総合的に理解してみようと努めるとき、じつは反対に、われわれがいま当たり前だと思っていることがちっとも当たり前でなく、われわれの「常識」には、特殊現代的、特殊日本的、あるいはさまざまの特殊個別的な色めがねがかけられていることに気づく。

f　過去への問いかけ、つまり歴史を考えるということの意味は、まさにここにある。過去をいきなりわれわれの「常識」で割り切るのではなく、過去に対する限りない好奇心と疑いのうちから、過去を過去として、あくまで異質性においてとらえようとする——この努力によってわれわれは、はじめて、「常識」のなかにあるさまざまの特殊的な要素を意識し、識別する。現代におけるみずからの位置づけ、さまざまの「場」に分裂した自己の再統合、そして同時に現代社会、現代文明の客観化は、この異質なるものへの真摯《し》な問いかけをとおしてのみ可能である。

g　わが子は死にはしないだろうか、不安の面もちではじめての赤ん坊をいつまでもまじまじとみつめる若い母親の目、あの目こそがまさに人間を科学する目、歴史する目なのだ。赤ん坊は、精神的にも肉体的にも母親とは異質であり、もちろんそれ自身は直接になにも語りはしない。しかし精神的緊張をもってたえず赤ん坊に問いかける若い母親には、いまなにを欲しがっているか、どこがぐあい悪いかをはっきりと語らせることができるのだ。そして歴史を考えるということは、異質なる過去へのあくことなき問いかけをとおして、自己を、現代を、客観的・総合的に語らせるということを意味するのである。

設問

ホ　右の文章はａ～ｇの七つの段落に分けてある。段落相互の関係について述べたものとしては、次にあげたもの（１～４）のうち、どれが最も当たっていると思うか。一つを選び、１・２などの数字を用いて答えよ。

1　ｃはｂの内容をさらに詳しく述べている。
ｄはｃを受け、例も加えて考えをおし進めている。
ｆはｅと反対の内容のことを述べている。

2　ｃはａｂと反対の内容のことを述べている。
ｅはｂｃをまとめている。
ｆｇは例をあげて、「歴史を考える」ことについての筆者の考えを述べている。

3　ｂはａを受け、さらに詳しく説明している。
ｄはｃを受け、例も加えて考えをおし進めている。
ｇは例をあげて、「歴史を考える」ことについての筆者の考えを述べている。

4　cはabの内容をさらに詳しく述べている。
dはbcをまとめている。
gはfと反対の内容のことを述べている。

ヘ　右の文章中の「われわれの『常識』」ということについて、最もよく説明しているると思われる段落は、次にあげたもの（1～5）のうちどれか。一つを選び、1・2などの数字を用いて答えよ。

1　bの段落。　2　cの段落。　3　dの段落。
4　eの段落。　5　fの段落。

ト　右の文章で、過去社会に対して、筆者はどのような考え方を強調しているのか。次にあげたもの（1～4）のうち、最も適当と思うもの一つを選び、1・2などの数字を用いて答えよ。

1　過去社会に対しては、われわれの常識の通用しないことが多い。
2　過去社会には、その社会独自の論理がある。

3　過去社会は現代社会に発展する以前の段階だから、当然未成熟な要素が多い。

4　過去社会に対する好奇心こそ歴史学の出発点である。

チ　右の文章中の「母親」と「赤ん坊」は、それぞれ何の比喩として使われているか。次にあげたもの（1〜6）のうち、最も適当と思うもの一つを選び、1・2などの数字を用いて答えよ。

1　「母親」は歴史を、「赤ん坊」は歴史学者を表わす。

2　「母親」は歴史を、「赤ん坊」は現代を表わす。

3　「母親」は歴史学を、「赤ん坊」は過去社会を表わす。

4　「母親」は歴史学者を、「赤ん坊」は過去社会を表わす。

5　「母親」は歴史学者を、「赤ん坊」は現代文明を表わす。

6　「母親」は過去を、「赤ん坊」は現代を表わす。

《あなたの答》　ホ―□　ヘ―□　ト―□　チ―□

10分後、おじさんがシャーペンを置き、その2分後にシゲルが顔を上げた。おじさんが話しかける前に、シゲルが口を開いた。

「できたかどうかわかんないけど、とにかく集中してやったよ」

問題を解き終えたシゲルの表情は、どことなくすがすがしかった。

「そうか……それはよかった」

おじさんは、満足そうにうなずいた。

「では、設問ホからやってみよう。これは、段落と段落のかかわり合いについて問うた、なかなかおもしろい問題だね」

「うん。ちょっと面倒くさかったけど、一つひとつ考えていったらわかったよ……たぶん」

「そうだね。これは地道にやっていくしかない。選択肢の1から考えてみよう」

「まず、bとcの関係について。bでは、現実は物語の世界とあまりにもちがいすぎるって言ってるけど、cでは、でもやっぱりわれわれは物語の世界に夢中になるって言ってる。cは、bと反対のことを言っていると思うんだよね。だから、1はダメ」

「おじさんも賛成。同じ理由で、4も除外されるね。じゃあ、2は?」

「『ｅはｂｃをまとめている』っていうのが、ヘンだよね。そもそも、ｂとｃは反対のことを言ってるんだから、まとめようがないもの」

「そうだね。それにｆには、例なんか出てこないものね……。ということで、残ったのは3しかないけれど、これは正しいと思った？」

「3は、おかしなところがなかったよ。ｂはａを受けて、詳しく説明しているし、ｄはｃを受けて、考えを推し進めているよね。それにｇは、赤ん坊をみつめる母親の例をあげて、『歴史を考えること』を説明している。だから、答えは3」

「正解。きちんと筋道立てて考えられたね。では、設問へにいってみよう」

「『われわれの常識』について書いてあるのは、ｅとｆの段落しかないと思うんだけど、これはちょっと迷ったな」

「どっちを選んだ？」

「うーん……。はじめはｆかと思ったけど、ｆに書いてあるのは『過去を常識で割り切ってはいけない』ってことで、常識そのものについて説明してるわけじゃない」

「ふむ、ふむ」

「だからｅを選んだ。つまり、答えは4」

「じゃあ、シゲル君が『われわれの常識』について最もよく説明されている、と思った部分を読んでごらん」

「えーと……『われわれがいま当たり前だと思っていることがちっとも当たり前でなく、われわれの「常識」には、特殊現代的、特殊日本的、あるいはさまざまの特殊個別的な色めがねがかけられている』」

「まさしく！　そこのところだ」

「ああ、よかった」

「ぼくらがふだん『常識』と思っているものは、けっして普遍的じゃない。時代が変われば、あるいは国が変われば、また異なった形の『常識』があるんだ」

「ぼくらが『常識』と思っているのは、世界中にいっぱいある『常識』のうちの、ほんの一つにすぎないってことだね」

「そのとおりだよ、シゲル君。では、次にいこうか」

「トはねえ、けっこう悩まされたよ。3が論外なのは、わかるけどさ」

「そうだねえ。1、2、4はすべて、問題文の趣旨に合致している。このなかで著者が過去社会に対して、いちばん強調している考えはどれだろう？　ズバリ、シゲル君の答えは?」

「4」

「正解! 1、2もまちがいじゃないけれど、この文章のテーマは『歴史を考えることの意味』だから、やっぱり4が、著者がもっとも強調したいことだろう」

「段落fに、『過去に対する限りない好奇心と疑いのうちから、過去を過去として、あくまで異質性においてとらえようとする』っていう文もあるしね」

「いいね。きょうのシゲル君、なかなか冴えてるじゃない」

「へへ……そう?」

「では、いよいよ最後の設問」

「チだね。これはムズカシくなかったよ。答えは4」

「どうして4なのか、ちょっと説明してみて」

「本文中にある『母親の目こそがまさに人間を科学する目、歴史する目なのだ』から、『母親』は歴史学者の比喩として使われている」

「じゃ、『赤ん坊』は?」

「『精神的にも肉体的にも母親とは異質であり』っていう文から、過去社会の比喩になっている」

「パーフェクトだ。やったね！」

「うん」

「あれっ？　なんか冷静だね、シゲル君」

「もちろん、全問正解はうれしいよ。でもそれ以上に、きょうは問題を解き終えたとき、すごく充実感があったんだ」

「どんな？」

「うーん……。カンタンな問題文じゃなかったと思うけど、最後まで集中できたし、自分なりに格闘したって感じかな」

「そう、格闘できたかい」

「うん、しっかりね」

「その充実感を忘れないで、これからもがんばりなよ」

「そうだね」

——へっ……へえーっくしょん！

そこでおじさんが、大きなくしゃみを一つした。

「やっぱ、風邪ひいたんじゃない？　おじさん」

「そのようだね」

シゲルがティッシュペーパーをさし出すと、おじさんは思いきりハナをかんだ。

「やれやれ、医者の不養生ってやつ？」

「ほんのハナカゼだよ」

「来週までにちゃんと治してきてよ、おじさん。ぼくだって、受験生なんだからね。うつされたらかなわない」

ハナをかみ終わると、おじさんはボソッと言った。

「大丈夫、来週は来ないから」

「えっ？　いま、なんて言った？」

シゲルは驚いて、おじさんの顔を見た。

「来週はもう来ないよ。ぼくの家庭教師は、きょうでおしまい」

「じゃあ……ほんとうにさっきのが、最後の問題だったんだ！」

おじさんからの言葉

「来週はもう来ないよ。ぼくの家庭教師は、きょうでおしまい」

「じゃあ……ほんとうにさっきのが、最後の問題だったんだ！」

「そうだよ」

驚くシゲルに向かって平然と答えると、おじさんはもう一度、ティッシュペーパーの箱を手に取った。

「びびーっ！」と勢いよくハナをかむ音が、リビングルームに響いた。

しばしの沈黙の後、シゲルはおじさんにたずねた。

「でも……どうして？」

「きょう、冬の風を感じたからさ」

おじさんはシゲルの顔を見すえ、きっぱりと言った。

「冬の風？」

「そう。毎年この季節になって、冷たい風を体に感じると、『ああ、何か書かなくちゃ』って気持ちが、突如わき出てくるんだ。なぜだかわからないけれど、冬の風にせっつかれるように……」

「へえー、そうなんだ」

「きのうまで、書く気なんかぜんぜんなかったのにね」

「もう、何を書くか決めてるの？　おじさん」

「今回は、中年たちの恋愛小説を書くつもり」

「タイトルは？」

「セカンドスプリング」

「二度目の春か……。でも、なんだか中年たちの恋愛話って、熟しきった果物の匂いが、『ぷーん』とただよってきそうだなぁ」

「そうね、シゲル君にはチト早いかも。とにかく来週から、医者の仕事以外はアパートにこもって、原稿を書くことにする。来年の2月までね」

「いよいよ冬ごもりがはじまるって感じだね」

「シゲル君だって同じじゃないか。2月まで自分の部屋にこもって、受験勉強に集中するんだ。そうしなければ、春は来ないよ」

「うん。いつまでもおじさんを頼ってちゃ、ダメだもんね」

「そうさ。シゲル君だってこれからの3か月間、おじさんとムダ話をしている暇はないはずだ」

「でもなんか、心配だなあ」

「とにかくがんばるしかないよ。ぼくもがんばって、原稿を書く」

「だけど、不安だよ。合格する確証は、どこにもないんだから」

「おじさんも同じさ。本が出版される確証なんて、何ひとつない」

「ホント？　ぼくは読んでないけどさ、おじさんは5冊も本を出しているんでしょう？　本って、自動的に出版されるものじゃないの？」

「ハハ……。自慢じゃないけど、出版社から執筆を依頼されたことなんて一度もないよ。ぼくは有名作家じゃないから」

「じゃあどうして、本を出せるの？」

「それはね、おじさんが自分の原稿を持って、出版社に売り込みにいくからだ。だまっていても、本は出版されないよ」

「ふーん」

「毎度のことだけど、何社もの出版社に門前払いを食らい、何人もの編集者から原稿をつき返される……」

「けっこう大変なんだね」

「大学受験だって同じだろう？　自分の思いどおりになんか、いくわけないさ」

「一部の優秀なやつらを除けばね」

「でも、あきらめないでがんばっていれば、不思議といつか、ぼくの原稿に興味を持ってくれる人が現れるんだ」

「へえー」

「だから、自分を信じて、精いっぱいやるしかない。シゲル君も、ぼくもね」

「そうだね」

「まっ、お互い春まで、しっかりこもろう！」

「わかったよ、おじさん……。ところで、ぼくの国語力は上昇したのかな？」

「それは、これからのシゲル君のがんばり次第さ。たった6週間で国語の実力を上げようなんて、そりゃ甘いよ」

「たしかに、おじさんといっしょに問題を解いたけど、まだ成果が出てないもんな」

「ぼくはシゲル君に、入試に受かるためのテクニックを教えにきたわけじゃないからね」

「じゃあ、この6週間の勉強は、何か役に立ったのかな?」

「とにかくぼくといっしょに、問題と格闘したじゃないか。6週間前のシゲル君とは、ちがうはずだよ」

「国語の点は、たいして上がってなくても?」

「シゲル君……」

おじさんは、大きく息を吐いて言った。

「なんだいおじさん、まじめな顔して」

「アインシュタインは、知っているね?」

「もちろん。相対性理論は、わけわかんないけど」

「おじさんだって、ちんぷんかんぷんさ。でも、アインシュタインは、とってもいい言葉をぼくたちに残してくれたんだ」

「どんな言葉？」

おじさんは少し間を置いてから、ゆっくり、かみしめるように言った。

「それはね……『教養とは、学校で学んだことをすべて忘れ去ったときに、あなたの中に残っているもののことである』」

シゲルは首をかしげ、おじさんにきいた。

「なんだ、それ？　勉強したことをぜんぶ忘れちゃったら、何も残らないじゃないか」

「それはちがうよ、シゲル君。経験はかならず、残るものさ」

「経験？」

「大切なのは、知識じゃないんだよ。何かを必死に考え、格闘したという経験こそ、大切なんだ」

シゲルは黙って、おじさんの話を聞いた。

「シゲル君とぼくはこの6週間、人生の大先輩たちが書いたすばらしい文章を読み、その論旨や思想を理解しようと、必死に格闘した。そうだろう？」

「うん。がんばったつもりだよ」

「その経験こそ、貴重じゃないか。たとえ明日の模擬試験の点が上がってなくても、この6週間の経験は、シゲル君を成長させてくれたはずだ」

「………」

「経験はすぐには役立たないけれど、きっといつか、一生懸命にやってよかったと思える日が来るんだよ」

「そんなもんですか?」

「ああ、そんなもんさ。おじさんが保証する」

「ぼくは明日の模擬試験で、点が上がったほうがいいけどな」

「人生は長いって。まあ、ゆっくりやんなよ、シゲル君」

シゲルはようやく、うなずいた。


――ケイちゃーん、シゲちゃーん、ごはんよー!

二人を呼ぶ母の声が、ダイニングルームから聞こえてきた。

「うーん、いい匂いがただよってきた……。今夜はクリームシチューかな?」

腰を上げたおじさんに、シゲルが耳打ちした。

「おじさん、アインシュタインの話はよーく、わかったからさ。お母さんには話さないでくれよ」

「どうして?」

おじさんはけげんな顔で、シゲルにきいた。

「そんな悠長なことを言ってたら、またお母さんがヒステリーを起こすじゃないか」

「ハハ、そうだったね」

「まったく、わかってないなあ、おじさんは……」

「さあ、最後の晩餐を楽しむとするか」

シゲルとおじさんは笑いながら、ダイニングルームへ向かっていった。

おわりに――たかが受験勉強、されど受験勉強

多くの人がぼくの経歴を見て、「カワフチさんはけっきょく、頭がいいんでしょう」とおっしゃる。そのたびにぼくは、「それはちょっと、ちがうんだけどなぁ」と、心の中でグチる。

なぜならば、ぼくはわかっているからだ。そういうことを言う人々の99パーセントは、ぼく以上には勉強していないことを……。

もちろん、大学に入学するまで二浪もさせてくれた両親には大いに感謝しているし、しつこく勉強を続けられるというのも、ある種の才能であることも自覚している（じつは、おたくと紙一重だが）。なによりも世の中に出れば、受験勉強より大切なことは山ほどあると、だれしも実感せざるをえない。

それでもあえて「受験勉強は大切だ」と、ぼくは宣言したい。

受験生時代の自分は、ただ東大に合格したかっただけで、受験勉強が将来の役に立つなんて考えていなかった。しかし、それから30年の時を経たいま、ぼくはつくづく思うのである。

「ああ……。しっかり受験勉強をしておいて、ほんとうによかったなあ」と。

その理由の一つは、大学入試というものの性質による。

入学試験はいちおう科目別に行われるものの、各々の科目において、ここからここまで出題されるという範囲はない。どんな問題が出るか、まったく見当がつかないのである。これほど広範な知識を総動員しなければならない試験というのは、他にはちょっと見当たらない。

さらに大学入試で問われるものは、じつは知識だけではない。受験生一人ひとりの意見、ものの考え方、感受性の豊かさ等々、その人の持つ「教養」がまるごと試されるのである。これほどスケールの大きな試験が、他に存在するだろうか？

社会に出た後も、英検や種々の資格試験、そして医師国家試験と、さまざまな試験を受けてきた。しかし、ぼくにとってそのいずれもが一見高度なようでいて、じつはたんに知識を問うているにすぎない、退屈きわまりない試験だった。いわば、知っているかいないか、「クイズの王様」になれるかどうかの試験でしかないのである。

大学受験という、他に類を見ないほど公平で、おもしろく、味わい深い試験をしっかり受け止めないのは、もったいないとしか言いようがない。

もう一つの理由は、受験勉強が努力することの大切さを教えてくれるからだ。

社会に出てからもまったく同じことだが、たとえすぐに結果が出なくても、「一生懸命にやった」という経験は、その人の血となり、肉となる。その人のなかに種としてまかれ、いつかかならず花開く日が来る。

十代のうちに「一生懸命やる」経験を積んでおくことが、その後の人生のためにも重要であるのは、言うまでもないだろう。大学受験とは、人生においてはじめて自分の手に任された、大きなプロジェクトなのである。みすみすそのチャンスを逃してしまうのは、これまたもったいなすぎるではないか。

くり返すが、東大入試・一次試験の現代国語と格闘することが将来の役に立つなんて、思ってもみなかった。しかし、ぼくはいま、自信を持って言える。

受験勉強は、わが人生において欠かせない経験だった。ぼくという人格をつくるために、そして、しっかりした読解力を身につけるために。

「読解力こそ命」

医者になるまで、ぼくはおそろしく無口だったし、明らかに人とのコミュニケーション能力に欠けていた。自分からデートに誘っておきながらひと言もしゃべらないので、何人ものガールフレンドに愛想をつかされた。

しかし、37歳で研修医になったとたん、ぼくは堰《せき》を切ったようにしゃべりはじめた。ベッドサイドで、つい患者との会話に夢中になってしまい、よくナースに「先生、患者さんとしゃべってばかりいないで、ちゃんとカルテを書いてください」と叱られたものだ。話すことに目覚めたものの、書くことはあいかわらず苦手だったのだ。

ところが42歳になったある日、今度は突然、文章を書きだした。

いったん書きはじめると、ワープロのキーをたたく指は止まることなく、ほどなく一冊の本ができるぶんの原稿がたまった。わずか数行のカルテ記載をおっくうがり、手紙や葉書とは無縁、日記すらつけたことのない人間が、いきなり本を書くなんて、われながら驚きだった。

けれども、よくよく考えてみれば、話すための土台も、書くための土台も、じつは十代のころから着々と、築かれていたのではないだろうか？

ずいぶんとまあ長い熟成期間を要したものだが、受験勉強で読解力を身につけていたからこそ、いまようやく人前でしゃべれるようになったし、こうやって文章も書けるようになった、とぼくは思っている。

受験勉強という下地がなかったら、話すことも、書くことも、いずれも中途半端に終わっていただろう。

思うに、人前で堂々としゃべったり、人様に読んでいただく文章を書くのは、かなりの図々しさを必要とする。人生経験がまだ十分に伴っていない若者が、話すことや書くことを苦手と感じるのは、ある意味、とても自然なことなのだ。

だから、とってもナイーブで、自己表現がヘタクソな若者諸君、能力がないなんて落ち込まないでください。いまは自分の考えをうまく表現できなくても、経験を積みさえすれば、しゃべる力も、書く力も、いずれ追いついてきますから。

いつか花開く日が来ることを信じ、こつこつと読解力を磨いていきましょう！

「さいごに」

「〈小説〉東大過去問・現代文」いかがでしたか?

受験生の皆さん、問題文としっかり格闘できました?

大人の皆さん、こんなにすばらしい文章を受験生だけに読ませておくのは、もったいないでしょう?

この小さな問題集が、皆さんにとってサムシングになってくれることを願いつつ、ペンを置きます。

ぼくたちの勝手気ままな会話とつたない解説に最後までつきあっていただき、ほんとうにありがとうございました。

2007年、クリスマス

シゲルとおじさんより

〔正　解〕

1. 地域医療の医師不足
ホ―5　ヘ―6　ト―2　チ―5

2. 心で見るということ
イ―2　ロ―3　ハ―2　ニ―4

3. ターナーの創造の秘密
イ―4　ロ―2　ハ―2　ニ―2

4. 科学は技術だろうか？
イ―2　ロ―2　ハ―2　ニ―3

5. 小説の言語
ホ―1　ヘ―3　ト―2　チ―5

6. 動詞から名詞へ
イ―2　ロ―4　ハ―1　ニ―4

7. 石のあたたかさ
ホ―3　ヘ―3　ト―2　チ―4

8. 画家における模写
ホ―2　ヘ―3　ト―2　チ―3

9. 線の理論と面の理論
イ―3　ロ―4　ハ―2　ニ―3

10. 経験とは？
ホ―3　ヘ―1　ト―4　チ―2

11. カメレオンの眼
イ―4　ロ―3　ハ―2　ニ―2

12. 歴史をみる目
ホ―3　ヘ―4　ト―4　チ―4

〔問題文出典〕

●「地域医療の医師不足」（'76年度・理科2問目）
読売新聞社説「地域医療の医師不足とその対策」（'75年9月1日）

●「心で見るということ」（'72年度・理科1問目）
島崎敏樹「心で見る世界」〈心で見るということ〉

●「ターナーの創造の秘密」（'72年度・文科1問目）
高階秀爾「名画を見る眼」〈ターナー「国会議事堂の火災」〉

●「小説の言語」（'75年度・文科2問目）
粟津則雄「解体と表現――現代文学論」〈小説の言語――三島由紀夫・井上光晴・大江健三郎をめぐって〉

●「動詞から名詞へ」（'77年度・理科1問目）
柄谷行人「自然――名詞から動詞」

●「画家における模写」（'74年度・文科2問目）
小林秀雄「感想Ⅳ」〈金閣焼亡〉

●「線の理論と面の理論」（'73年度・理科1問目）
岡田晋「日本人のイメージ構造」〈線の理論と面の論理〉

●「経験とは？」（'72年度・理科2問目）
森有正「遥かなノートル・ダム」〈ひかりとノートル・ダム〉

●「歴史をみる目」（'70年度・文科2問目）
木村尚三郎「歴史と文明」

◎本書は2008年2月に小社より刊行された『東大の国語力』を再構成し文庫化したものです。

文庫ぎんが堂

〈小説〉

東大過去問・現代文

2012年4月11日　第1刷発行

著者　川渕圭一

ブックデザイン　タカハシデザイン室

発行人　本田道生

発行所　株式会社イースト・プレス
〒101-0051　東京都千代田区神田神保町2-4-7　久月神田ビル8F
TEL　03-5213-4700　FAX　03-5213-4701
http://www.eastpress.co.jp/

印刷所　中央精版印刷株式会社

ISBN978-4-7816-7068-3

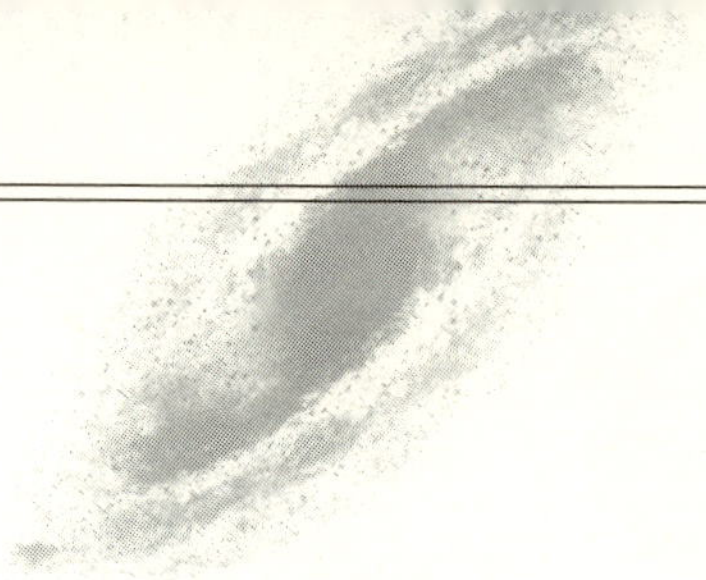

文庫ぎんが堂　創刊の言葉

――読者の皆様へ

夜空に輝く金と銀の星たち。その一つひとつが、それぞれの個性で輝き続ける。どの星も創造的で魅力的。小さいけれど、たくさん集まれば、人びとの頭上にきらめく銀河の悠久の流れになるのではないか。

そんな夢想を現実化しようと「文庫ぎんが堂」の創刊に踏み切りました。

読者のみなさんの手元で輝き続ける星たちを、そして、すべての方の人生に新たな光を与える書籍を刊行していきたいと願っております。

――出版社および著者の方へ

「文庫ぎんが堂」は、イースト・プレスの自社刊行物にとどまらず、読者評価の高い優れた書籍ならすべて、出版権者、著作権者の方たちとの共同事業方式による文庫化を目指します。私たちは「オープン文庫」とでも呼ぶべきこの新しい刊行方式によって出版界の活性化に貢献しようと決意しています。

ご遠慮なくお問い合わせくだされば幸いです。

イースト・プレス代表　小林 茂